SILICON VALLEY
ENTREPRENEURIAL
THINKING

硅谷创业思维

创新创业的22个实战标杆

王　维◎编著

人 民 邮 电 出 版 社
北　京

图书在版编目（CIP）数据

硅谷创业思维 ：创新创业的22个实战标杆 / 王维编著. -- 北京 ：人民邮电出版社，2016.7
ISBN 978-7-115-42798-4

Ⅰ. ①硅… Ⅱ. ①王… Ⅲ. ①电子计算机工业－工业企业管理－经验－美国 Ⅳ. ①F471.266

中国版本图书馆CIP数据核字(2016)第136714号

内容提要

硅谷诞生了诸多世界知名的高科技公司，它们身上既有着独一无二、颠覆传统的创新特质，又有着适用于所有初创公司的创业思维。

本书精选了22家极具创新特色的硅谷高科技公司，以其创始人的创业经历与创新观点为线索，探寻创业成功之路。从苹果、谷歌、英特尔、甲骨文、Facebook、Twitter、SpaceX、Dropbox、WhatsApp等22家公司创始人创业的艰辛、守业的艰难、失败的痛苦、成功的喜悦以及在技术上不断前进的历程中，我们可以窥得硅谷创业思维的精髓。

无论你是刚有创业的想法，还是正在创业的路上，书中22位创始人与众不同的创业思维都会带给你全新的感悟，帮助你捕获创业灵感，找到创业秘诀。

◆编　　著　王　维
　责任编辑　姜　珊
　执行编辑　付微微
　责任印制　焦志炜
◆人民邮电出版社出版发行　　北京市丰台区成寿寺路11号
　邮编　100164　电子邮件　315@ptpress.com.cn
　网址　http://www.ptpress.com.cn
　大厂聚鑫印刷有限责任公司印刷
◆开本：700×1000　1/16
　印张：16.5　　2016年7月第1版
　字数：195千字　　2016年7月河北第1次印刷

定　价：49.00元

读者服务热线：（010）81055656　印装质量热线：（010）81055316
反盗版热线：（010）81055315
广告经营许可证：京东工商广字第8052号

推荐序

硅谷，改变着世界！

作为全球知名的高新技术区域，硅谷迅速崛起的几十年间，开创了一种高科技研究开发及落地的重要模式——硅谷模式。硅谷是高科技人才的集中地，这里集结着美国乃至世界各地的科技精英，人数超过100万。除此之外，美国著名的天使投资人也热衷聚焦于此。这里，诞生了苹果、谷歌、英特尔、甲骨文、Facebook、Twitter、SpaceX、Dropbox、WhatsApp等一大批闻名世界的高科技公司。这里，走出了史蒂夫·乔布斯、拉里·佩奇、安迪·格鲁夫、马克·扎克伯格、杰克·多西、埃隆·马斯克、简·库姆等诸多商业巨子，并创造出一个又一个硅谷奇迹。

那么，硅谷奇迹究竟是如何创造出来的？这些商业巨子有着怎样的创业思维？他们又是如何在激烈的市场竞争中脱颖而出的呢？这也正是本书作者想要和大家探讨的。

创新，是硅谷人的生命。技术创新、经济环境创新、企业体制创新，无不体现着硅谷与众不同的特色。其中，技术创新又首当其冲。硅谷的主导产品，20世纪60年代是半导体，70年代是处理器，80年代是软件，90年代是互联网，如今则是高新技术……基本上每十年一个变化，年年有创新，历经数十年而不衰，而且以每天几十项推动世界科技发展的技术成果领导着世界科技新潮流。可以说，没有创新就没有今天的硅谷。在硅谷，一个因循守旧、抄袭模仿、保守垄断的企业是没有市场前景和出路的，因为这样的企业很快就会被淘汰。

正是在这种拥有高度创新精神的硅谷文化影响下，新技术、新产品才会在硅谷遍地开花，才会有硅谷式的奇迹。

如果你也想创业，或者正走在创业的道路上，那么建议你向书中的22位硅谷商业巨子学习，学习他们独特的创业思维与成功之道。也许，你也能创造下一个商业奇迹。

——田丰　剑桥大学博士，哈佛大学博士后，光驭科技创始人兼CEO

前言

美国硅谷是全球创新思想的大本营，是天才工程师的聚集地，更是非凡科技成果的摇篮。在过去的几十年间，它一次又一次地引领着世界高科技的发展潮流，为推动社会发展和人类进步做出了突出的贡献。

近年来，我接触了很多想创业的年轻人，他们刚出校门不久甚至还没有走出校门便想创出一番事业。这些梦想远大的年轻人，大都会向我表达一种想求取创业经验的想法，而每当我讲到硅谷一些企业家们的创业案例时，都会受到他们的热烈欢迎。这让我觉得，若能将硅谷创业思维系统地整理一下，一定会对年轻的创业者们有所帮助。

硅谷创业思维有太多值得我们学习的地方。例如，SpaceX 的创始人埃隆·马斯克，他誓做钢铁侠一般的英雄，连续数次创业，最终把自家研发的火箭送上了太空。如果没有独到的创业思维，没有敢于挑战自我的创业勇气，他又如何能做到呢？当然，在硅谷这个全球创业者梦想的天堂，还涌现出很多像埃隆·马斯克这样拥有独特创业思维的企业家，其中包括：

◆ 被称为“计算机神童”的 Facebook 创始人马克·扎克伯格；

◆ 用艺术灵感去指导技术的 lnstagram 创始人凯文·斯特洛姆；

◆ 仅 15 个月就将身价翻了 16 倍的华裔企业家李广益；

◆ 被称为“硅谷坏孩子”的甲骨文创始人拉里·埃里森；

◆ 将伟大梦想变成现实的谷歌创始人拉里•佩奇；

◆ 三张床垫起步的Airbnb创始人布莱恩•切斯基；

◆ 把小众产品打入主流市场的GoPro创始人尼古拉斯•伍德曼；

◆ 让传统行业焕发生机的Spotify创始人丹尼尔•艾克；

◆ 拖着计算机业往前走的英特尔领导者安迪•格鲁夫；

◆ 在失败的产品中挑选闪光金子的Oculus VR创始人帕尔默•拉奇；

……

这些硅谷的商业巨子在获得巨额财富的同时，也实现了人生梦想。经过研究我发现，在他们身上既有着独一无二、颠覆传统的创业特质，又有着适用于所有创业公司的创业思维。这些创业天才们巧妙地将这些相同的或独有的理念转化为实际的创业行为，从而拥有了丰厚的经济成果。

为了帮助广大创业者开阔视野，我编写了这本《硅谷创业思维——创新创业的22个实战标杆》。书中精选了硅谷22家极具创新特色的高科技公司，以这些公司创始人的创业经历与创新观点为线索，探寻他们的成功之路。相信这些商业奇才与众不同的创业思维会带给你全新的感悟，帮助你捕获创业灵感，找到创业秘诀。

我相信：他山之石，可以攻玉。我国每年有数千万的创业者大军，要想在这股创业洪潮中独占鳌头，必须以智慧取胜，以思维取胜。希望书中的某一句话或某个创业思维能给你带来启示，触发你的创业灵感。

在本书的策划与编写过程中，我得到了王应黎、郑月玲、唐秀娟、唐华山、郭东华、邱草、唐洪飞、崔侠、郑海龙、郑茂章、谢俊超、唐荣银等人的大力支持和帮助，在此向他们表示感谢。

另外，由于个人水平有限，书中难免存在不足之处，敬请广大读者批评指正。

目录

SILICON VALLEY ENTREPRENEURIAL THINKING

第1章

创业之前要做好充足的准备

——Facebook 创始人马克·扎克伯格的创业思维

自从踏入哈佛大学的那一刻起，胸怀远大梦想的马克·扎克伯格（Mark Zuckerberg）就从来没有“安分”过，他没能如期完成大学学业，而是建立了一个社交网站，这个社交网站就是后来风靡全球的Facebook，中文名“脸谱”。从一个平凡的毛头小伙子到被誉为“盖茨第二”，扎克伯格完成了一次人生的蜕变。但是，这一蜕变不是一朝一夕的事，而是经过了十余年的准备与积淀，可谓不鸣则已，一鸣惊人！

十年磨一剑

纵观那些取得事业成功的年轻人，大多有着相似的人生经历，这种经历不但锻炼了他们非凡的品格，还在实践中培养了他们敏锐的洞察力和对新技术的探索能力。马克·扎克伯格与比尔·盖茨同样是哈佛大学的学生，也同样是这所院校的肄业生。不仅如此，他们还都是不到20岁便开始创业，同样因年少成名而被人们称赞，所创立的企业也同样在硅谷名列前茅。扎克伯格甚至被冠以“盖茨第二”的美誉。这一切，并不仅仅是一种巧合，而是他们身上都有一种厚积薄发的能量，这种能量促使他们一步步踏上成功的巅峰，并让成功更持久。

1984年，马克·扎克伯格出生于美国纽约。他从小就受到了良好的教育。10岁时，他拥有了人生中第一台计算机。从此，他便将大部分的时间都花在计算机上。本来就被称为“计算机神童”，这下扎克伯格更是如鱼得水，尽情地在计算机的世界里遨游。

虽然童年时期的扎克伯格并不明确自己的人生目标，也未想过要做“盖茨第二”，但他后来事业上的成功无不得益于学生时代的努力。Facebook上市前几年的准备相当重要，扎克伯格学生时代的奋斗历程也不可小觑。

扎克伯格一直对计算机程序的运作原理充满好奇，他想知道是什么让这些程序自动运行起来的。抱着这样的想法，他开始逐步研究程序、代码，以及更深入的计算机系统原理。

世界上很多事情，只要你认真去做，把它研究透彻了，就会成为某个领域的专家，为自己创造成功的机会。正如一位成功人士所说的："做专才能做精，做精才能做好，做好才能做强，做强才能做大，做大才能做久。"而最基础的做"专"，则需要你长时间的付出和努力。

扎克伯格对此深有体会，他说："任何事业的成功都不是灵感和智慧的瞬间闪现，而需要经年累月的实践和努力……只有付出才会做出真正值得人敬畏的事情。"正是学生时代对计算机的痴狂和付出，才让他后来做出了出色的成绩。

高中时，扎克伯格为学校设计了一款MP3播放机。之后，很多业内公司向他抛来了橄榄枝，其中就包括大名鼎鼎的微软公司。让人意想不到的是，扎克伯格拒绝了年薪95万美元的工作机会，选择去哈佛大学继续深造。也许在他看来，当时他所积蓄的知识和经验远不能胜任计算机方面的专家。在哈佛，主修心理学的扎克伯格仍然痴迷于计算机，整天沉浸在计算机的世界中。

扎克伯格在大学里的大部分构想都与互联网的新型服务有关，他花了大量时间去编写程序，甚至到了废寝忘食的地步。

2004年，扎克伯格和两位计算机专业的室友一起，用了一星期时间编写网站程序，建立了一个方便哈佛学生互相联系的在线平台，扎克伯格把它命名为Facebook。Facebook一经推出，便横扫整个哈佛校园。2004年年底，Facebook的注册人数突破100万。为了自己的理想和兴趣，扎克伯格选择了从哈佛退学，全职投入到Facebook网站的运营中。短短几年的时间，Facebook便风靡了全世界。

扎克伯格10岁开始编写程序，大学时期创业，我们只看到了他多年后的成功，而没有看到他所经历的酸甜苦辣。虽然Facebook一经面世便受到追捧，但直到2012年，扎克伯格才把它提上上市日程。

从外界来看，Facebook 上市是人人都期望的，投资者热切盼望着 Facebook 能公开发行股票，他们放言自己将会像粉丝追星一般抢购。Facebook 的员工也会从中赚到大笔钞票，有人甚至认为，硅谷不景气的经济状况或许将会因此有所改观……这一切似乎都是 Facebook 上市前的节奏。

如果 Facebook 提前上市，作为其创始人的马克·扎克伯格自然将成为全球年轻富豪之一。这是每一个年轻人的梦想，也是扎克伯格的梦想。但是，这位野心勃勃的年轻人似乎并不着急，他对上市之事一拖再拖。

明明有着可以一夜暴富的机会，扎克伯格为何要推迟它的到来呢?

扎克伯格说："出于对投资者和员工的承诺，Facebook 最终会上市，但我们并不急于上市。"扎克伯格要的并不仅仅是一时的荣誉，而是持久的成功。他相信，厚积薄发的成功才更持久。

因此，与外界要求上市的呼声相反，扎克伯格并不忙于让 Facebook 上市，而是经常与英特尔和甲骨文的高管会面，学习他们的运营经验。

扎克伯格以他独有的方式守护着 Facebook 的健康成长，呵护着自己的作品。他虽然年轻，但对于公司上市后的情形看得相当透彻。对于 Facebook 而言，公司上市后可能无法像以前那般自由行事，而是要尊重投资者的想法。上市后，员工们可能不再把眼光放在长远的目标上，而是把注意力集中到一纸声明上，以及声明的后果和是否会推高股价。因此，扎克伯格一直用各种方式来减缓 Facebook 上市的步伐。他甚至放弃了好几次卖掉公司大赚一笔的机会，其中包括全球知名网站数十亿美元的收购要约。2007 年，Facebook 接受了微软 2.4 亿美元的投资，条件是给对方 1.6% 的股权和部分独家广告代理权。

迫于各方面的压力和公司必将面临上市命运的现实，扎克伯格不得不于 2008 年年初开始筹备公司上市的相关事宜。但直至四年后，即 2012 年 5 月

18 日，Facebook 才正式在纳斯达克证券交易所上市。这一天，距离 Facebook 风靡全球已过去了将近十年。

2015 年 8 月 6 日，福布斯第一次公布全球科技界最富有的 100 人榜单，马克・扎克伯格以个人净资产 412 亿美元位列第 4 位。

我们试想，如果 Facebook 早几年上市，没有足够经验及应对能力的扎克伯格和他的合伙人也许会被一时的喜悦冲昏头脑，之后便会手忙脚乱一团糟，没准最后 Facebook 会如昙花一现般消失在互联网大潮中。由此看来，扎克伯格不但是一位计算机天才，还是一位颇有头脑的商业奇才。

做一个与众不同的人

但凡成大事者，似乎都有与众不同的想法，而他们最大的特点就是：敢以与众不同之法，做与众不同之事。

在很多人看来，“没有规矩，不成方圆”，如果没有纪律的约束，团队的成员就会各行其是，从而导致没有秩序，没有工作绩效，没有严谨的团队形象……似乎所有不好的事情都与无纪律有关。大多数有点成就的企业，都有钢铁般的纪律；大部分有点作为的名人，都是纪律的严格执行者。但是，总会有特殊的个例，扎克伯格和他的 Facebook 便是其中之一。

马克・扎克伯格被人赞赏的原因，不仅在于他年少创业，还在于他创造了一套与众不同的管理方法——“有组织无纪律”。

在哈佛，扎克伯格主修的是心理学，不管他在计算机方面有多么深的造诣，甚至最后因为发展计算机事业而辍学，但他对主修的心理学还是有一定研究的。从事互联网行业的绝大部分人是年轻一族，而扎克伯格深知年轻人最大的特点就是有勇气，有闯劲，有个性，有创新精神。而“有组织无纪律”的管理方式恰恰与年轻员工的需求相吻合。这种管理方式能够让员工放开手脚、全身心地投入到互联网的研究中去，从而使 Facebook 得以保持创新力并持续发展。

在平时的工作中，扎克伯格看似很随意，他经常和员工一起学习，一起钻研，一起犯愁，一起开怀大笑，渐渐地形成了一种看似“无序”，却很高效的企业文化。这种激进大胆的管理方式，也许只有年轻有活力的扎克伯格才敢于尝试吧！

扎克伯格很小便开始学习计算机编程，他不会刻意去想自己应该做什么，而是将一种思维习惯渐渐地变成直觉的一部分。正是延续着这种对计算机的灵感，扎克伯格在哈佛求学期间写了很多程序。

扎克伯格坦诚自己并非是个守纪律的好学生：主修心理学却钟情于计算机，最后甚至从世界顶级学府哈佛大学辍学……而正是这样一个不守纪律的年轻人，却创造了一个奇迹，创造了一个全世界范围的“社交网络王国”。

在实施自己想法的过程中，扎克伯格还领悟到，成功的关键在于支配好时间去做各种事，这与在大学里所学到的技能并没有太大的关系。

这种驾驭时间、充分利用自己的特长创造价值的想法也延伸到了他对 Facebook 的管理方式中。扎克伯格对员工要求严格却不死板，他希望员工能够突破自我，不一定按照领导的要求做事，但一定要讲求效率，清楚自己的目标。扎克伯格在创新管理中，还非常注重员工之间的沟通与交流，他要求每一个员工都要拿出一定的时间去理解和消化他人的想法。他不像其他老板那样希望员工把 100% 的时间都用来为自己工作，而是让员工抽出 20% 的工作时间用于相互交流。在硅谷这个藏龙卧虎的地方，鲜有人能做得和扎克伯格一样率真。

通过这样的管理方式，扎克伯格在Facebook营造了一种自由而有效的沟通文化，企业内部的工作氛围融洽了，交流顺畅了，员工的思想得以相互碰撞，自然会促成一个又一个项目的实现。

一家企业只有以人为本，充分尊重员工，给员工提供良好的发展空间和舞台，员工才会有积极高涨的工作热情，以强烈的归宿感和集体荣誉感为企业贡献力量。所以，扎克伯格这种与众不同的管理方式看似放松了对员工的管理和监督，看似是“有组织无纪律”，实则促进了Facebook效益的增长。

Facebook的一位工程师曾在一篇文章中这样描述扎克伯格身上的特质：“当需要去审视一款产品时，扎克伯格总是以一种全新的眼光去看。他并不介意自己昨天说过什么，哪怕是针对同一款产品。他每次审查，都会细心查看产品的方方面面，并且会以最高标准来审查。以前，我从没有见过某个人会为了开发一款伟大的产品而放弃一款优秀的产品，但扎克伯格却可以。”

由此可见，扎克伯格该严格的时候眼里是容不进一粒沙子的。在每次高难度的挑战中，他都能高度自律，并集中所有精力全力以赴。扎克伯格会毫不犹豫地放弃耗时一年开发的产品，这种做法除了扎克伯格以外，团队的其他人都难以接受。在扎克伯格看来，他绝对不会因为一个存在瑕疵的项目或一款存在瑕疵的产品而毁掉自己辛辛苦苦打下的基业。

扎克伯格的思维方式与常人有诸多不同，他看待事情的眼光极具前瞻性，这种思维方式与眼光让他在硅谷立稳了脚跟。无论在时间观念、企业文化还是人才选用上，扎克伯格都以创新思维领导着Facebook。在管理机制上，在外人看来散漫无序的工作方式，实际上是一种变相的激励，这种“有组织无纪律”的创新管理方式是他这位天才式CEO独有的领导模式。

在硅谷这个竞争激烈的地方，Facebook 在管理上有着鲜明的特色，这得益于扎克伯格与众不同的创新管理方法。很多资深的企业领导者很难有这样的魄力，年轻创业的劣势也成了这个年轻人的优势。年龄赐予扎克伯格的活跃思维，使得整个 Facebook 就像一个其乐融融的大家庭，并时刻为 Facebook 注入新的活力。

不可否认的是，不管处于何种年龄段的创业者，在开创自己的事业时，都需要具有独特的思维方式以及与众不同的做事方法，这样才能拥有更多成功的机会。硅谷如此，其他地方亦如此。

你的想法够独特吗

俗话说“枪打出头鸟”，很多人因此放弃了脱颖而出的机会而选择了随波逐流，这导致一部分本应有所作为的人被淹没了。而另一小部分人则异军突起，以独特的想法领先于本行业，成为行业的领头羊或佼佼者。Facebook 便是一个很好的例子，它独树一帜，在互联网社交网络中尽显王者风范。当然，这与扎克伯格独特的创业思维是分不开的。

从表面上看，扎克伯格是个沉默老实的书呆子，但是了解他的人肯定不会这么认为，他们会大笑着告诉你：“你被他的外表蒙骗了，他其实是一个‘疯子’！”因为他有着一颗不安分的心，做任何事都充满创新精神。

扎克伯格对社交网络感兴趣始于 2002 年的夏天，那时候，社交网络还是一个新兴名词。当时，扎克伯格在菲利普斯埃克赛特学校读高中，与所有新生和返校学生一样，他收到了学校的一本同学录。这本同学录的名字叫作“The Photo Address Book”，学生们亲切地将它称为“The Facebook”。因为校园内不让使用手机，而且学生们每年都会更换宿舍和电话号码，所以这本“Facebook”就成了学生们彼此联系的重要平台。

刚接触到这本同学录时，扎克伯格便感想颇多。他经常与两位室友长谈，讨论计算机专业的相关问题，讨论未来什么产品最适应互联网的需求，讨论什么产品会受到用户的一致欢迎。在不断深入的话题中，创办交际性网站便成了扎克伯格的首选目标。他要的不是大众化，而是与众不同。

独树一帜的事物，初期有被劲风吹至夭折的风险，但只要幸存下来，便可能成为行业中的佼佼者。Facebook 在社交网络中具有领先地位，因为它有与众不同之处。拿图片功能来说，Facebook 的图片功能在美国大大小小的社交网络中始终排名靠前。毋庸置疑，Facebook 是全球大型的图片网站，在每月的全球访问用户中，有 69% 的用户在 Facebook 上看图片或是上传图片。据官网透露，目前 Facebook 上已经有超过 100 亿张的图片。而且，Facebook 在图片上的优势地位已经远远超过同行。

在 Facebook 上，如果你的朋友以你的名字作为照片标签的话，你就会收到一封电子邮件。这个简单的功能以一种快捷、直观的方式，把对图片的标记和管理转化为一种强大的通信形式，将更多的人联系在一起。也正是这种独特的图片功能，让 Facebook 被世界各地的用户广为应用，让 Facebook 拥有了远远超越其他社交网站的用户访问量。

扎克伯格不愧是一个想法独特的人，为了让 Facebook 吸引更多的广告主，他集合了一系列被 Facebook 渗透的微社区。例如，某广告商想定位一个特殊的大学校园，Facebook 便将广告信息传递给观众。就这样，Facebook 完成了非常出色的公关工作。

Facebook 另外一个具有代表性的独特举动便是公开页面源代码。Web 2.0

时代，已经有了强大的搜索与订阅功能，用户们再也不用为了取得有用的信息而反复辗转于各种类型的网站，用户也越来越讨厌网站中无处不在的广告。扎克伯克了解到这一趋势，便率先向用户公开 Facebook 的页面源代码，让各种类型的互联网内容提供商开发出嵌入。正是有了这一次次的尝试，才使 Facebook 广受用户欢迎，也正是有了扎克伯格独特的经营思维，才串起了 Facebook 成功路上的关键环节。

Facebook 的独特之处还体现在网站的信息构架上。“个人空间 + 社区平台”是传统的博客服务提供商采用的信息构架，这样的构架虽然结构清晰，但是沟通并不顺畅。针对这一弱点，扎克伯格将 Facebook 设计为“一体式”构架，让信息变得更加联通。

为了使 Facebook 能够在互联网行业独占鳌头，扎克伯格尝试着一个又一个有独创性的举措，用区别于其他企业的做法来吸引用户，走出了一条专属于自己的道路。

“独特”意味着企业的特色和风采，更是一种竞争优势。在某个行业，如果每一家企业都用千篇一律的产品在市场中展开竞争，除了很难分出胜负的少数企业外，其余的小公司早晚会被淘汰。其实，一个企业总有它独特的地方，而保持特色正是竞争的法宝，是成为行业领头羊必备的条件。Facebook 之所以能在互联网行业中遥遥领先，甚至直逼“软件巨无霸”微软公司，很重要的一点就是它有独特的精神。因为独特，用户才有兴趣关注，Facebook 才会在市场中流行。所以，企业在发展的道路上一定要有意识地向同行或用户展现自身独特的一面，做一些他人想不到或做不到的事情，为成为行业中的佼佼者不断积蓄能量。

创业课堂

被誉为“盖茨第二”的扎克伯格，虽然与大多数年轻人一样渴望成功，但是他却只想做“扎克伯格第一”，不想做“盖茨第二”。这一点充分展示了他的雄心壮志以及把握命运的自信。我们看到的包括扎克伯格在内的每一位成功人士的背后，都有着艰辛的奋斗历程，十年，二十年，甚至更长时间。不经历风雨，怎能见彩虹，没有人能够在一朝一夕间获得成功。一个人要想创业成功，就一定要做好充足的准备工作；没有为创业做好积累，只一味地急功近利，迟早会失败。

SILICON VALLEY ENTREPRENEURIAL THINKING

第 2 章

没有营业收入，同样能够吸引风险投资

——Instagram 创始人凯文・斯特洛姆的创业思维

对普通人而言，10 亿美元绝对是一个天文数字。对一家普通的公司，特别是传统行业的公司而言，更需要长久的积累才能赚到 10 亿美元。但凯文·斯特洛姆（Kevin Systrom）的 Instagram 从创意诞生到产品成型，只用了不到两年的时间。2012 年，扎克伯格的 Facebook 以 10 亿美元收购当时只有 13 名员工的 Instagram，获得近 3000 万名用户。有人说，这是互联网时代伟大的交易之一。的确如此，如今，Instagram 的估值已经达到了 100 多亿美元。虽然它暂时没有营收，但其快捷便利的手机应用让 4 亿名用户能够每天轻松地分享 6000 万张照片，平均每 1 秒就有 1 名新用户加入其中，这巨大的潜力正是风投所看重的。对凯文·斯特洛姆来说，这是一场用最少的人员创造出最大价值的博弈。

永不停息的创造

Instagram公司创造了一个近乎神话般的价值模式。很多人也许对Instagram感到很陌生，但提到它的创始人凯文·斯特洛姆，大家便不会陌生了；如果再提到您手机平台上快速、美妙和有趣的抓拍图片功能，就更熟悉不过了。2015年9月，Instagram的活跃用户超过了4亿，其中四分之三的用户生活在美国之外的国家和地区。

有人认为，凯文·斯特洛姆是科技领域最幸运的人，虽然他也在废寝忘食地工作，但Instagram这款诞生仅有两年时间的图片分享应用却创造了价值10亿美元的奇迹。这与凯文·斯特洛姆非凡的创造力是分不开的。

斯特洛姆身高超过一米九，体形高大，而就像他的身高一样，他的创造力也比别人高出一筹。

与比尔·盖茨、马克·扎克伯格等人不同，斯特洛姆顺利地完成了大学学业。他认为："也许大学里的经历和课程会显得有些无聊，让你当时感觉毫无用处，但当你踏上社会或者创业后，大学里学到的知识和积累的经验总会时不时地给你带来惊喜和回报。"在斯坦福大学，斯特洛姆第一次接触到技术和风投的世界，得到了在一家初创公司实习的机会，以及在谷歌的第一份工作。

在斯坦福大学，斯特洛姆最初申请的是计算机科学专业，但是上了一个学期的高级编程课程后，他觉得自己有些力不从心，虽然他每周都花费40个小时去钻研这门课程，但最后仅勉强得到B的成绩。这使他开始怀疑自己不是成为计算机科学家的材料，于是他放弃了这门学科，改学管理科学和工程专业。

在创业过程中，既需要坚持，也需要变通。斯特洛姆改选专业，说明他是一个懂得变通的人，虽然他创业的源头还是计算机科学，但后来对 Instagram 的经营却有赖于他改学的管理科学。

长期以来，斯特洛姆对创业和创新企业很感兴趣，于是，他利用业余时间尝试开发网站，比如分类广告网站，以及帮助他所在的大学社团成员发布派对照片的网站。

大学期间，斯特洛姆曾远赴意大利的佛罗伦萨学习摄影艺术，他还申请了斯坦福大学的精英计划——梅菲尔德研究项目。这是一个半工半读的项目，其中 12 名学生会被派遣到全球初创的几个企业中实习，与创业者和风险投资专家合作。在那里，学生们会学到如何融资、如何完成交易、如何进行创意思维和招聘人才等。

当时，斯特洛姆被派遣到了埃文·威廉姆斯（Evan Williams）创建的播客公司 Odeo。在这里，他第一次体验到创业公司的良好氛围，并意识到思维方式对一家公司的重要性。不仅如此，他还认识了他人生中的挚友——杰克·多西（Jack Dorsey）。斯特洛姆和杰克·多西共同开发了很多应用程序。多西在创建了 Twitter 和移动支付公司 Square 后，依然给予斯特洛姆最真诚的帮助。当斯特洛姆创建 Instagram 后，多西在自己粉丝众多的 Twitter 账号上免费为其推广，发布滤镜照片，这也促进了 Instagram 的迅速发展。可见，斯坦福大学的学习经历的确给斯特洛姆带来了不少创业路上的助力。

凭借超凡的能力，斯特洛姆在梅菲尔德研究项目的参与者中脱颖而出。当时的项目主任蒂娜·齐莉格这样评价斯特洛姆：“他一直在创造，并且一直在试验。他创造出来的东西与众不同，他是一个很有潜质的企业家。”后来的事实也证明了这一点。总之，参与梅菲尔德研究项目让斯特洛姆受益匪浅，为他以后自己创业打下了基础。

斯特洛姆还没有从斯坦福大学毕业，微软公司便向他抛来了橄榄枝，当时微软公司给出的年薪高达数十万美元，职位是项目经理。但斯特洛姆并不为之所动，而是接受了谷歌市场部一份年薪只有6万美元的职位。谷歌一直是斯特洛姆的梦想之地，有了这次机会，他当然不能错过。

但是，梦想和现实是有差距的，枯燥乏味的工作令斯特洛姆生厌，他先后从谷歌的市场部转到研发部、企业发展部。他是多么渴望重温在Odeo体验过的初创公司的氛围啊！但令他失望的是，谷歌没有给他这种感受。在经过深思熟虑后，斯特洛姆选择离开谷歌，跳槽到了社交旅游网站Nextstop，在这里，他以硅谷程序员的身份掌握了一项可以付诸实践的新技术——编程。

前面介绍过，尽管斯特洛姆喜欢计算机科学专业，但他并没有坚持学下去，而是中途改学管理科学和工程专业。自从进入Nextstop后，斯特洛姆又找到了新入大学时的那种感觉，他每天晚上抽出时间自学编程，把一些简单的创意变成程序，而对于既没有拿过计算机学位，也没有接受过正式培训的斯特洛姆来说，能做到这一点已相当不易。

斯特洛姆创业的这个阶段被塑造成了当代硅谷伟大的成功故事之一，很多年轻人都被他这段故事激发出对编程的无限热情。

很快，斯特洛姆又有了一个新奇的创意：他想创建一个能够将照片和地理位置签到与社交游戏相结合的网站。他的这一创意是从当时热门的地理位置分享网站Foursquare和社交游戏网站Zynga得到的启发。他还用自己最喜欢的一款酒的名字为这一网站命名——Burbn。

有了创意，就一定要实现它。这是斯特洛姆的一贯做法。在一次风投见面会上，斯特洛姆向风险投资者们推荐自己的这一创意。基线创投投资人史蒂夫·安德森对此产生了浓厚的兴趣。2010年，史蒂夫·安德森和风投公司安德森·霍洛维茨基金分别投资25万美元帮助斯特洛姆创建公司。斯特洛姆创业的愿望终于得以实现。

用艺术灵感去指导技术

在斯坦福大学读大三的时候，斯特洛姆曾前往意大利的佛罗伦萨留学，主修摄影。在前往意大利时，他本来携带的是一台高端单反相机，可临行前却被他的老师换成了Holga相机。这是一款廉价的塑料相机，能利用柔焦和光学畸变拍摄出不同寻常的正方形照片。虽然这种照片和单反相机拍出来的效果有着天壤之别，但斯特洛姆却爱上了这种感觉，用他的话说就是："它让我感受到了怀旧照片和不完美的美感。"这就是斯特洛姆的"史蒂夫·乔布斯时刻"，乔布斯用灵感创造了苹果，斯特洛姆则用灵感创造了Instagram，并将这一艺术灵感的闪光与科技结合起来，使Instagram遥遥领先于其他竞争对手。

当时，史蒂夫·安德森和安德森·霍洛维茨基金资助斯特洛姆创建公司是有条件的：斯特洛姆必须找到一位联合创始人。

千军易得，一将难求。在寻找联合创始人上，斯特洛姆可谓费尽了心思。而就在这时，斯坦福大学的求学经历又给斯特洛姆带来了回报。

在旧金山创建Burbn后，斯特洛姆经常会光顾一间具有艺术气息的咖啡店，因为在那里能见到很多有才华的人，同样来自梅菲尔德研究项目的迈克·克里格便是其中之一。

克里格是低斯特洛姆两届的大学学弟，主修符号系统。遇到斯特洛姆时，克里格正供职于聊天服务网站 Meebo，他当时也在开发一款自己的应用。当斯特洛姆找到他时，克里格对斯特洛姆的创意并不感兴趣，但斯特洛姆的做法却使他改变了原来的想法。

当斯特洛姆意识到克里格是他联合创始人的不二人选之后，便积极地说服克里格退出 Meebo，加入 Burbn。克里格当即表示愿意考虑。作为尝试，两人共同研究了一些小型项目。克里格发现他和斯特洛姆有着不可多得的默契，最终他决定从 Meebo 彻底离职。然而，事情并没有两人想象的那般顺利。

在克里格加入的第一天，Burbn 便因为 Foursquare 强大的优势而面临解散的危机。“如果想获得发展空间，那么必须开发一些新的产品。”经过一段时间的考察，斯特洛姆和克里格决定把 Burbn 发展成专注于照片和移动设备的服务平台。在接下来的日子里，两人废寝忘食地专心研究，开发出一款名为“代号”（Codename）的照片应用。这一原型产品是一款苹果 iPhone 手机的拍照应用，集成了社交和评论功能。但斯特洛姆和克里格对于这款产品并不满意，为此两人感到无比沮丧。由于工作太过劳累，斯特洛姆已经筋疲力尽，他觉得自己应该停下来休息一段时间。

于是，斯特洛姆在墨西哥的一处艺术家庄园里度过了一周的假期。

一天，斯特洛姆和女友在海滩上散步，他们谈论起某位朋友拍摄的一张照片。

“怎么才能拍出那么漂亮的照片呢？那种风格的确让人难忘。”当女友带着询问的目光看向斯特洛姆时，他的脑海里立刻闪过一个答案：滤镜。斯特洛姆又联想到在佛罗伦萨使用廉价相机的经历。闪过的灵感促使他立刻跑回自己的住处，设计出第一款 Instagram 滤镜，即后来的 X-Pro 2。

本来想舒服地度一个假期，但斯特洛姆满脑子都是滤镜的影子。他不得不草草结束度假，快马加鞭地回到旧金山的办公室，埋头开发新的滤镜。

很快，斯特洛姆和克里格开发出了两款滤镜——Hefe 和 Toaster。他们将产品重新命名为 Instagram，并向好友们推荐。恰巧，两人的很多好友都是科技行业中有影响力的人物，这些人帮助他们把经滤镜处理的照片发布到社交网络上，Instagram 便很快成为了网友们关注的焦点。

当时，手机虽然很普及，但手机的像素并不高，很难拍出高质量的照片。而 Instagram 则解决了这一问题，它能够使低质量的手机照片产生一种怀旧气息。只需简单操作一下，普通的落日照就能变成一张热带风光的明信片，破旧的房屋照能变成浓浓的思乡情怀照，甚至咬过一口的水果也带着某种能打动人心的寓意。Instagram 似乎有着一种十分神奇的魔力。

有了胜券在握的神秘武器，2010 年 10 月，斯特洛姆和克里格在苹果 App Store 中推出了 Instagram。刚一推出，用户便蜂拥而至。随后，Bits Blog 和 TechCrunch 等知名媒体网站也发布了 Instagram 的介绍。由于访问量激增，为了保证服务器的稳定性，斯特洛姆和克里格连续 24 小时没有休息。

有心人，天不负。斯特洛姆和克里格的投入没有白费，在短短的两天时间里，便有 2.5 万苹果 iPhone 手机用户下载了 Instagram 应用软件。一个月后，Instagram 拥有了 100 多万用户，这不能不说是互联网时代创下的一个奇迹。

与 Facebook 的完美联姻

有竞争才会有发展，有合作才会有进步。

当斯特洛姆还在斯坦福大学读大四时，扎克伯格便试图劝说这位他眼中的奇才加入 Facebook。虽然斯特洛姆当时婉拒了，但扎克伯格依然随时关注着他的动向，并从各方面向他提供帮助。

随着用户数量百万级的增加，保证 Instagram 服务器稳定运行便成了两位联合创始人面临的最大挑战。他们常常在通宵工作之后，稍微眯一会儿，又必须马上投入到第二天的战斗中。有一天，斯特洛姆和同事们去一家餐厅吃饭，期间，Instagram 的系统突然崩溃了，由于临时找不到计算机，大家急得像热锅上的蚂蚁。虽然最后问题得以解决，但从那时起，公司便明文规定，工程师必须随身携带笔记本电脑，无论是去约会还是参加派对。令人欣慰的是，Instagram 服务器存在的故障问题在被 Facebook 收购后得到了解决。这就是“1 加 1 大于 2”的最好证明。

2012 年 4 月，Facebook 宣布以 10 亿美元收购 Instagram。《纽约时报》当时用“Instagram=10 亿美元”为题对这一事件进行了报道。鉴于 Instagram 从初创以来并未实现任何营收，也没有任何营收模式，很多人怀疑 Instagram 不值 10 亿美元。但扎克伯格的眼光是敏锐的，他相信斯特洛姆的 Instagram 一定能给他带来高出 10 亿美元数倍的收益。事实也的确如此。随着时间的推移，人们开始相信 Facebook 收购 Instagram 是捡到了宝。

美国科技博客 BI 撰稿人尼古拉斯・卡森曾预言：“随着 Instagram 的飞速发展，它必将成为 Facebook 最强有力的竞争对手，因为 Instagram 上的图片分享功能要比 Facebook 上的同一功能更为便捷。”难怪有人说，Facebook 是想通过这场收购减少一个敌人。看来此言不虚。

从一开始，Instagram 就是一个“空中达人”，一个只有13个人的团队，却在两年内完成了一项壮举，它的前途是不可估量的。Instagram 短时间内没有营收只是在为以后的高效创收做好准备。

被 Facebook 收购后，除了经济方面，Instagram 几乎没有发生任何改变，公司仍然独立运营，斯特洛姆仍然是 Instagram 的掌舵人。在解释 Instagram 为何要保持独立运营时，扎克伯格表示：“Instagram 这款 App 以及这一品牌得到了全世界数百万人的热爱，Facebook 收购后绝不会让它消失。我们的目标和 Instagram 创始人一样，是帮助这款 App 继续成长，并将其推广到更为广泛的人群中去。”

Instagram 的成功并非偶然，它具有一个快速发展的关键原因：如今，几乎每个人都有一款智能手机，等同于携带着一个高质量的数码相机。这导致了在线照片的大幅增加，Instagram 是应运而生的产物，它能够将全球正在发生的事情通过口袋大小的窗口呈现到全世界的各个角落。

这是改变世界的一个壮举。营收，早晚会有的。除了 Facebook 之外，Instagram 还和其他社交服务相关联，而且赢得了不少大品牌的青睐，如奔驰汽车、奥利奥饼干、喜力啤酒等。虽然 Instagram 有机会从广告商身上赚钱，获得不菲的收入，但斯特洛姆并没有那样做，他专注的是 Instagram 的长期发展，尤其是技术发展，他还期待着 Instagram 成为“世界之眼”呢！

创业课堂

在数字经济时代，伟大的创意能够在数月之间转化为价值数十亿美元的公司，这是斯特洛姆用亲身创业经历所证实的事情。也许这会被一些人看作是意外或灵光乍现，其实，Instagram的成功是一种必然而非偶然。虽然没有营收，但是能吸引像Facebook这样财大气粗的公司，靠的不是运气，而是超凡又独特的创业思维，以及与之相辅相成的卓越才能与技术。在创业初期，如果你也希望在没有营收的情况下得以生存和发展，也希望得到投资人的欣赏和认可，那就要主动学习斯特洛姆的智慧，积极提升自己各方面的能力。只要你拥有超凡的创业精神，打造出极具创造力的产品，就能够展现出你的自身价值，并获得“伯乐”的欣赏和投资者的青睐。

SILICON VALLEY
ENTREPRENEURIAL
THINKING

第3章

要做就做最好的

——传媒译码公司创始人李广益的创业思维

在硅谷，李广益是一位很有名气的华裔创业者，也是通过出售创业公司而成为亿万富翁的“创业高手”。1999 年全球网络设备的龙头企业思科公司以近 5 亿美元并购了李广益创建的传媒译码公司。此次并购，使该公司的创始人兼首席执行官李广益的身价翻了 16 倍，成为硅谷华裔创业者中的佼佼者。从传媒译码公司初创到开发产品，再到被思科公司兼并，前后仅 15 个月的时间，公司员工均获得了丰厚的回报。在自己成为亿万富翁的同时，李广益也使他的员工们成了百万富翁。“要做，就做最好的”，这句话已经成为李广益创业的座右铭。

“新手上路”靠经验

李广益初到美国时，口袋里只有 1000 美元，他决定去纽约州立大学攻读硕士学位。在纽约，李广益的 1000 美元很快就花完了。为了继续完成学业，他在学校里找了一份助教工作。正是这份工作，使他认识到了在美国扎根生存的艰难，他也因此产生了以后一旦有机会就要创业挣大钱的想法。

人的成功有时需要点运气。半工半读完成学业后，李广益开始找工作。他找的第一份工作就在硅谷。这对于一个有着奋斗精神的年轻人来说是难得的机会。之后，李广益便成了上班族中的一员。每天早晨，他都会挎着公文包，精神抖擞地来到这个令全世界年轻人都艳羡的地方，投入到紧张的工作中，他感觉全世界都在看着他。李广益对那份工作是非常满意的，一干就是七年。

一次偶然的机会，李广益发现了创业商机，这激起了他骨子里早就潜藏的创业欲望。再三思量后，李广益决定辞去他干了七年的工作，自己开始创业。

李广益用工作七年攒下来的积蓄，又向朋友借了些钱，以 66 万美元创办了自己的第一家公司——Digicom Systems。李广益是个执著的人，他蛰伏了七年才决定创业，并不是他不想走这一步，而是想“不鸣则已，一鸣惊人”。所以，在这七年里，他努力地为日后的创业积累经验，希望能在以后派上用场。

对于李广益的辞职创业，他的太太很不理解，认为李广益放着安逸的工作不做而去冒险，万一失败了，一家人的生计该怎么办呢？最终，李广益的执著打动了太太，太太同意了他的创业想法并做起了他坚强的后盾。

没有了后顾之忧的李广益，将全部精力都放在了他的事业上。

在不到一年的时间，李广益就带领他的团队开发出了一款新的数据机产品，并携带这款产品参加了当时举办的一个展览会。在展览会上，李广益积极地向参会的各方介绍他的产品。

好马总有伯乐识。这款产品的优势很快得到了美国大型电信公司 AT&T 的认同，李广益的 Digicom 顺利地成为该公司的产品供应商。

第一次创业虽然顺风顺水，但很快便画上了句号。1994 年，李广益将 Digicom Systems 以 4000 万美元卖给了新加坡的一家高科技公司 Cre—ative Lab。在将 Digicom Systems 卖掉的过程中，除去风险投资的分成以及其他成本，李广益净赚了 1000 万美元。这对于一个创业者来说是非常不错的表现。

在 20 世纪八九十年代，华人要想在硅谷这样的地方创业是相当困难的。当时的一些主流风险创投公司对华人没有认同感，甚至怀着一种歧视的眼光。而当年的李广益虽然有一支技术超强的研发团队，却一点市场营销概念都没有。在 1988 年到 1992 年，AT&T 一直是 Digicom Systems 公司数据机产品的重要客户，但是作为 Digicom Systems 公司的创始人，李广益从来没有造访过这个重要客户，更没有认真询问过对方对数据机产品的意见和建议，也没仔细倾听来自市场的声音。用李广益的话来说，他当时的状况属于“新手上路”，不懂经商之道。

每个人都有当“新手”的经历，正是因为有了这段懵懂的经历，你才能茁壮成长起来，否则，你将永远处于停滞不前的阶段。李广益后来的成熟，正是得益于以前的“幼稚”。

把握时机才能灵活应变

好运总是青睐于把握时机的人，李广益便是这样的人。

1996年底，美国公布了新电信法规。思维敏捷的李广益马上意识到，新的电信法规是媒体网络大整合的前奏。

既然网络成了新的趋势，那么第二次创业就一定要紧跟这个趋势。

打定主意后，李广益便寻找合伙人，决定创建一家以网络整合为核心技术的公司。1998年，新公司成立，李广益将其取名为TransMedia，中文名为“传媒译码公司”。公司创立后，立即吸引了美国第一创投公司的资金。能吸引到如此大的一家公司的投资，传媒译码自然在硅谷声名鹊起，并很快被美国权威机构评为“全美最耀眼的九家初创公司”之一。

传媒译码公司到底是开发什么产品的呢？原来，李广益团队开发的产品能够将文字、语音、影像等各式各样的媒体资讯转换成数据资料，且可以在网络上畅行无阻。不久，这款有强大功能的产品被思科公司看中，于是出现了前面那一幕：思科动用了近5亿美元的资金高价收购了传媒译码公司。李广益也因此成为硅谷的新闻人物，并成功入选1999年度美国硅谷“十大风云人物”。

有人说，传媒译码公司成立不到1年半便被思科高价收购，是因为李广益运气好。的确有这方面的原因，但主要还是李广益和他的团队以牺牲所有的假期，不断努力拼搏换来的结果。在传媒译码公司成立后的九个月里，李广益带领他的团队每周至少工作六天，夜以继日地研究，才把产品开发出来。李广益曾计划在1998年年底完成第一款产品，但由于各种原因导致这一目标并未达成，在那个新年之夜，虽然李广益没有要求大家留下来加班，但整个团队没有一个人离开，大家都坚守在自己的工作岗位上努力奋战。直到 1999 年 1 月中旬产品测试成功后，大家才松了一口气，拖着疲惫不堪的身体回家补过新年。

传媒译码公司被思科收购后，李广益被聘为思科公司全球网络设计部高级总监，负责为思科寻找亚太地区未来产品所需的技术。在思科这样的大公司里，虽然各方面的资源都很充足，但因为部门众多，常常需要去协调它们之间出现的各种问题。所以，李广益的很多时间都花在了协调上，而不是寻找技术，这让李广益感到很苦恼。在无法找到更好的解决办法后，李广益选择了辞职。这时，距离他进入思科整整过去了四年。

李广益喜欢小公司的灵活多变，喜欢市场的瞬息万变；离开了市场，他就像鱼儿离开了水。因此，他决定开始自己的第三次创业历程。

再聪明的决策者也有失误的时候。从思科辞职后，李广益开了一家风险投资公司。当时美国的经济正处于低迷时期，风投并不好做。发现势头不对后，李广益果断地退出了风险投资领域，迅速转战高科技领域。

高科技领域是他最擅长的，他相信在这里他能如鱼得水，即使遭遇最坏的境况也不至于摔得很惨。

在这个时代，网络早已无孔不入，而宽带无线也走进了千家万户。李广益瞄准了这一商机，开始了他的 ApaceWave 公司董事长兼 CEO 之旅。李广益的目标并不仅仅局限于此，他期待着将自己的公司办成世界宽带无线接入领域创新解决方案的领导者。

产品好才会有市场，不好的产品，即使你再高声地叫卖，也不会有人光顾。李广益的眼光是独到的，宽带无线的未来商机潜力无穷，而且他提前抢占了这一市场。很多知名大企业纷纷主动找上门来，想与李广益合作，美国投资企业洛克菲勒便是这一系统研发的投资商之一。

在美国，尤其是在硅谷，高科技小公司的生存可谓举步维艰，如果你想在这一领域求得发展，就一定要比别人看得远、走得快。大企业固然好，但它们每一个计划的出台都需要很长的时间，李广益正是抓准了这一空档，才能以自己小规模的公司优势挤进该领域的前列。没有这种灵活应变的本事，李广益就不会有今天的成就。

对于创业者来说，很多人是想立足一个行业，并倾其所有地将企业做大，如果能做成百年企业则更好。而李广益与传统创业者的想法完全不同。在所有的创业元素中，他最看重的是时机，三次创业，其中两次是靠出售自己的公司而名利兼收。

"我的本意并不是把公司办好，然后找一个机会把它卖掉。如果这样，便只会有一个短期目标，当你想跨一步就成功时，最后反倒会失败。"每次创业，李广益都像对待自己的孩子那样对待公司，他希望孩子能在自己的精心看管下长大成人。但是，在美国这个商业竞争尤为激烈的国家，即使你看得比别人远，走得比别人快，当大企业一旦开始行动，小公司也可能很快被踢出局。对于小公司来说，最致命的缺点就是缺乏规模竞争力，所以在李广益看来，在保证各方面都能获利的情况下被大企业收购是相对比较理想的一个结局。也正是当李广益卖掉自己第二次创业的成果——传媒译码公司后，他成为了硅谷最活跃的华裔亿万富翁。

如果当初李广益没有把传媒译码公司卖给思科，现在的状况会怎样呢？有人对他说："如果你当初不卖掉传媒译码公司，现在你早已成为上市公司的 CEO 了，身价可能是现在的数百倍。"每次听到这样为他惋惜的感叹，李广益都会一笑置之。如果他没有卖掉传媒译码公司，没有见好就收，说不定他现在早已破产。他并不认为自己有些操之过急，他相信自己的眼光，相信自己卖掉公司的时机是最佳的。而和他一起初创的同类公司，早已被淹没在竞争的大潮中。

创业需要把握时机，这的确是硅谷创业者们应该遵循的一条游戏规则。不按游戏规则出牌的人，最有可能以惨败收场。

扬长避短找出路

在硅谷聚集着数千家企业，其中，华人创业者寥寥无几。原因很简单，在不断地去找钱找人的过程中，创业者们无法将主要精力放在产品研发上，到头来，即使找到了人才、募集到了资金，要开发的产品也已经让他人捷足先登了；更何况，远离本土，人生地不熟，要募集到一大笔足够创办公司的资金又谈何容易！但李广益做到了，他在无线通信方面筹集到了数千万美元的研发资金，这只能说他具备超常的能力。

第一次创业时，李广益的启动资金是 66 万美元；第二次创业时，他则募集到了 800 万美元。两次创业相隔 10 年，启动成本翻了 10 倍以上。虽然他创办的两家公司在产品研发与规模上都不相同，没有精确的可比度，但是，即使是相同的公司，10 年间所需要的创业成本也要上涨五六倍。而现在，创业成本更高。

与创业的高成本相对应的，则是“一将难求”的问题。随着经济的发展，人们的观念也在逐渐发生变化。20 世纪八九十年代，也许有创业伙伴愿意拿低薪一起创业，而现在，就算加薪、加股权也不一定能吸引到优秀的人才。

所以，在李广益看来，目前在硅谷创业越来越难了。那么，怎么才能扭转这一局面呢？那就是用最短的时间开发出最好的产品，否则便会“赔了夫人又折兵”。拿李广益现在的公司来说，共有三十多名员工，其中包括12名博士生。在硅谷，最不缺的就是人才，但要留住人才，必须以“烧钱”的速度给员工们加薪、加股权，而无论哪一种加法，都是有限度的。再加上近几年硅谷的创业环境并不是十分乐观，市场对新产品的接受度不明朗，投资人看不到资金回收的可能性，使得初创公司的筹资更加雪上加霜。

为了寻找新的投资出路，李广益把眼光瞄向了中国。近几年，中国已经成为全球最大的无线通信市场，一些世界级的产业巨头都看好这个市场，纷纷在中国设立生产基地。相比较而言，国内的人才也不输硅谷，且素质在不断提升，但人力成本却低于硅谷数倍。作为一名在硅谷创业的华裔企业家，与中国的人才及合作伙伴沟通也不存在障碍。看来，这的确是一条低成本的快速发展之路。用中美复合模式来创办企业，对海外华人创业者来说显得越来越重要。

在美国硅谷做核心规划，将它模块化，然后送到中国国内使其产品化，通过在中国的生产基地，将产品再打入国际市场，这便是李广益在新形势下找到的新出路。这一次，李广益做的是更为长远的打算，他想把自己的公司做大做强，一直到上市为止。

创业课堂

当市场不景气时，“如何生存”比创新技术更重要。此时，初创公司吸引投资人的最好方法是：除了创新，还要懂得如何控制公司的支出。创业者要注意市场的动向并详细计算公司的成本支出，从多方面寻找出路。不管企业处于哪一个时期，都要坚持一条创业原则，即“要做，就做最好的”。创业者要相信，就算市场低迷，只要有一个好的团队，并且不断创新，善于把握时机，便能创造出无限商机。

SILICON VALLEY ENTREPRENEURIAL THINKING

第 4 章

免费项目如何让客户愿意付费

——WhatsApp 创始人简·库姆的创业思维

你玩过 WhatsApp 吗？知道简·库姆（Jan Koum）是谁吗？相信很多人在扎克伯格花了 190 亿美元买下这个只有 50 人的小公司之前，对 WhatsApp 和简·库姆了解得并不多。正是这个只有 50 人的小公司开发出了 5 亿人都在用的美国版“微信”WhatsApp，简·库姆便是 WhatsApp 的联合创始人兼首席执行官。在互联网发展日新月异的时代，从不缺乏天才创业者的传奇故事，但库姆的成长经历仍然让许多人啧啧称奇。WhatsApp 从免费到付费，库姆从家境贫寒到亿万富豪，不仅是偶然，更是必然。

命中注定的合伙人

不知从何时起，“辍学”成了很多计算机天才们的一个标签，比尔·盖茨如此，扎克伯格如此，简·库姆也是如此。

简·库姆并不是土生土长的美国人，而是犹太裔乌克兰人，他出生在基辅城外的一个小村庄。16岁那年，母亲带着他移民到了美国，当时他们的落脚点是位于加州硅谷的山景市。母亲给人当保姆，库姆则在一家杂货店里帮忙擦地板。在母亲被诊断出患有癌症后，母子俩只能依靠美国政府发的津贴生活。

艰难度日的库姆并没有自暴自弃，而是一直保持着乐观的心态，而且他意识到，无论去哪里，有一技之长才能生存下去。18岁时，贫困的库姆没有钱买计算机，喜爱编程的他便靠着二手书店里出售的计算机书慢慢摸索网络技术，学成之后，拥有经济头脑的库姆又把这些计算机书卖了出去。

后来，库姆得以进入圣何塞的州立大学学习。为了贴补家用，他一边上大学，一边兼职工作。1997年，库姆在检查雅虎的广告系统时与雅虎员工，即后来的合作伙伴布莱恩·艾克顿相识。艾克顿喜欢库姆的直率和才华，库姆则喜欢艾克顿的严肃作风，相差五岁的两人一见如故，从此成为好朋友，这也成了日后两人合作的基础。可以这样说，雅虎为WhatSApp的两位创始人牵了红线。

在艾克顿的帮助下，库姆获得了在雅虎工作的机会，职位是架构工程师。几周后，由于雅虎当时人手紧缺，库姆不得不从大学退学，开始了在雅虎的全职工作。

对于早年的辍学经历，库姆并没有心存遗憾。他在大学时学的是计算机科学专业，但辍学后他依然是计算机方面的天才。在介绍自己的读书经历时，库姆承认，他在学校读书的时候满脑子里装的并不是如何去学习，而都是其他事。当年，比尔·盖茨辍学后立刻着手成立自己的公司，而库姆的条件使他不得不在雅虎踏实工作了九年。

后来，库姆的母亲去世，艾克顿给予了库姆最大的支持。在艾克顿的餐桌前，经常能看到库姆的影子；闲暇时间，艾克顿会陪库姆一起去滑雪、踢足球或者玩极限飞盘等。

库姆和艾克顿的友谊非常深厚，两人虽然因工作中意见不同而争吵过，但更多的是事业上的并肩作战。他们彼此相互信任，相互支持。如果没有信任和支持，也就没有后来的 WhatsApp。库姆和艾克顿，就是天生的合伙人。

树立做全球通用 App 的野心

库姆在雅虎工作的九年中，积累了丰富的互联网经验；同时，外面的互联网世界也发生了日新月异的变化，二十多岁的扎克伯格带领 Facebook 将互联网带入了社交网络的新时代。眼看着小自己几岁的年轻人在互联网上呼风唤雨，库姆和艾克顿再也按捺不住了，翻滚的思绪敲打着两颗不安分的心，Facebook 成了他们向往的神圣之地。兴奋的二人双双从雅虎辞职，并向 Facebook 申请职位，却都遭到了拒绝。后来，回忆起这段戏剧性的经历，库姆曾笑称：“我和艾克顿还有一些伙伴都曾经是 Facebook‘被拒俱乐部’的成员。”

没有进入自己喜欢的公司，两人有些失望，他们决定给自己放个长假。在此后的一年中，库姆和艾克顿去南美旅行，玩极限飞盘，用一切办法为自己减压。

2009年1月，库姆为自己买了一部苹果iPhone手机。如果现在有人问你“应用商店”为何物，你应该不会陌生，但在2009年，“应用商店”还是一个全新的名词，没有几个人知晓“App”这个词是什么意思。但库姆使用了苹果手机上的应用商店后，便意识到这是一个正在蓬勃发展的新兴产业，他开始盘算着开发一款自己的App。

库姆这款App的雏形是这样的：通过App在通讯录里加上标注，无论是通话、离线或是电池电量过低，好友的状态都能在自己的手机上有所显示。按库姆的计划，他的这款App一定要在全球的各个地方都能使用。

每一个成功的人都具有超凡的执行力，库姆也不例外。有了这个想法，库姆便马上投入到落实想法的实践中。

即将问世的App叫什么名字呢？要想取一个既容易理解又朗朗上口的名字还真是不容易。最后，库姆干脆取了个有点像“你好吗”（what's up）的WhatsApp作为这款App的名字。2009年2月24日，库姆在加州注册成立了WhatsApp公司，这一天也是库姆的33岁生日。其实，当时这款应用还没有正式开发。

如今，手机已经成为人们生活的必需品，而手机中看似简单的每一款软件都是经过工程师们夜以继日的研究才被开发出来的。对于没有工作团队的库姆来说，单独开发一款全世界通用的App实属不易。

为了能使这款全球通用的App早日面世，库姆在维基百科上找到了一份国际拨号前缀列表，并对其进行了细致的研究。列表上的数字只有微乎其微的差别，面对这样一堆数字，库姆每一天都备受煎熬。但为了自己喜欢的事业，为了自己的 App 能精益求精，库姆只能选择坚持、再坚持。

只有胸有成竹，才能画出漂亮的竹子。准备工作做足之后，库姆花了数天时间去撰写后端代码。终于，WhatsApp 面世了。正当库姆为之手舞足蹈时，一个致命的打击使他跌入了谷底。

库姆有个好友，空闲时间，他经常去好友家里做客，两人无话不谈，有时为了一个共同的话题甚至会聊上几个小时。当然，这位好友对库姆的帮助也是很大的，他会时不时地给库姆提一些极有建设性的意见或建议。WhatsApp 开发出来后，库姆邀请这位好友安装了这款应用。但好友发现，在他的朋友中没有几个人安装 WhatsApp，而且 WhatsApp 常会崩溃或死机。当好友把这些问题反映给库姆时，因编写程序而近乎崩溃的库姆产生了放弃 WhatsApp 的想法。对此，艾克顿鼓励他说："如果现在放弃，你之前的努力就全都白费了。没有过不去的坎儿，再坚持几个月，你一定会成功的。"为了给库姆减压，艾克顿又陪他一起玩起了飞盘。

对艾克顿，库姆一直心存感激。在那段灰暗的日子里，正因为有艾克顿的陪伴，库姆才挺了过来。让库姆尤为感动的是，艾克顿在无私帮助和支持库姆的时候，他本身也同样不好过。对于两人来说，那是一段相当难熬的日子。

风雨过后方见彩虹，转机终于出现了。2009 年 6 月，苹果手机推出了消息推送功能。也许对现在的智能手机使用者来说，消息推送是一项再简单不过的功能，但这个功能却给当时的库姆带来了崭新的世界：用户在更改自己状态的时候可以同时让自己的朋友们知道，这就是即时通信服务。这也意味着，WhatsApp 从一个单纯的状态分享软件走向了即时通信的领域。

在当时的美国，除了WhatsApp之外，提供免费短信服务的还有黑莓的BBM，但这一服务的局限性就是只有黑莓手机之间才能使用。市面上，谷歌公司的G-Talk和网络电话Skype更是局限多多。WhatsApp与其他应用不同的是，该软件的用户名可以是用户的手机号，这样，便无须牢记任何密码了。对于健忘一族来说，这是非常受欢迎的一项功能。随后，库姆在WhatsApp 2.0版本中加入了一个具有免费聊天功能的软件，很快，WhatsApp的活动用户数量猛增到25万人。库姆越来越清晰地意识到自己创建了一种新型信息服务："哪怕两个人之间的距离是半个地球，他们也能通过这一应用即时联系，而且进行联系的设备是随身携带的，不得不说，这是一款非常强大的应用。"

随着WhatsApp用户的激增，库姆急需帮手，他第一个想到的就是曾给予他帮助的艾克顿。此时的艾克顿正处于失业状态，虽然他也想像库姆那样找到自己的发展空间，但一直没有进展。库姆找到他时，两人一拍即合。2009年年底，艾克顿正式加入WhatsApp，成为WhatsApp公司的联合创始人。

两位志向高远的年轻人便这样走到了一起。不要以为当时WhatsApp拥有的几十万用户能给库姆和艾克顿带来巨大的财富，相反，处于创业阶段的WhatsApp相当困难。库姆决定把公司建在当时领救济的山景市，为了减少开支，他租了一间由仓库改建的办公室，置办了几张廉价桌椅，几个干劲十足的年轻人，一段神话般的创业历程就这样开始了。

每一个创业者都希望自己的公司可以盈利，这也是库姆和艾克顿希望的，但是，WhatsApp由始至终都只是一个小公司。直到它被Facebook以190亿美元收购时，它的员工人数也没有超过50人。呈井喷式增长的用户使库姆和艾克顿不得不通过收费手段来控制人数，他们不定期地将WhatsApp

应用由免费改为“付费”。然而令人吃惊的是，在新增了传送照片的功能后，虽然下载需要支付 1 美元，但用户数量还是在迅速增长。

2011 年年初，WhatsApp 在苹果应用商店美国区挤进了下载量排名的前 20 名。在众多的信息服务公司中，如 Pinger、Tango、Baluga 等，WhatsApp 已经成为其中的领头羊。当时，WhatsApp 开始向美国政府缴纳个人所得税，这对于一个初创公司来说是很少见的。

鉴于 WhatsApp 的发展状况，各方投资者蜂拥而至，但均遭到了库姆和艾克顿的拒绝。不过，最后二人还是接受了红杉资本 800 万美元的投资。两年后，WhatsApp 的活跃用户增加到 2.2 亿人；库姆和艾克顿认为，是时候再筹集些资金了。

为发展而与 Facebook 结缘

WhatsApp 创建以后，便迅速风靡全世界，可以说，从来没有哪款通信服务软件有如此快速的发展，即使是社交网络巨头 Facebook，运营三年也才只有 6000 万名用户，而 WhatsApp 却有超过 9000 万名用户，且接近一半的注册用户每天都在使用该软件。这也许便是扎克伯格收购 WhatsApp 最主要的原因。

前文提到，在创建 WhatsApp 之前，即库姆和艾克顿离开雅虎之后，他们曾去 Facebook 求职。对于热爱互联网的年轻人来说，Facebook 是理想的去处。但事不遂人愿，二人双双被拒。虽然申请 Facebook 的工作未果，库姆仍然对 Facebook 和扎克伯格充满好感。

2012 年春天，库姆收到了扎克伯格的一封电子邮件，大致内容是希望与库姆共进晚餐。在邮件中，扎克伯格表达了对 WhatsApp 软件的肯定，并表示自己也一直在使用这一软件。能收到扎克伯格的邀请，库姆高兴极了，他很想去赴约，但最终还是沉住了气。库姆的这一沉着，也是 WhatsApp 得以以 190 亿美元的高价被收购的原因之一。如果当时库姆在扎克伯格第一次邀请他时便兴高采烈地去赴约，收购的价钱可能不会这么理想。

几个星期后，库姆和扎克伯格完成了他们的第一次会面。在这次会面中，扎克伯格表示有兴趣将两人的公司整合起来。虽然当时整合的事不了了之，但二人却因此结下了深厚的友谊，差不多每个月都有一次共进晚餐的机会。库姆给扎克伯格留下了深刻的印象，扎格伯格曾在自己的 Facebook 中这样写道："我认识库姆很久了，我们两个人在'把世界变得更开放和紧密'这个问题上观点一致。"此后，互联网科技史上长达两年且成交数字惊人的一场斡旋开始了。

2014 年 2 月 11 日，经谷歌公司负责安卓系统和 Chrome 浏览器的桑达尔·皮查伊（Sundar Pichai）推荐，库姆和艾克顿打算与谷歌 CEO 拉里·佩奇（Larry Page）会面。在此之前的某一天，扎克伯格也与库姆就收购 WhatsApp 交换了意见，并明确向库姆表示会让 WhatsApp 继续保持独立运营，还邀请库姆加入 Facebook 董事会。其实，在与拉里·佩奇的会面中，佩奇也提出收购 WhatsApp，但双方毕竟见面太少，了解不多，而且比起金钱，库姆和艾克顿更在意的是公司的独立性。库姆说："如果和扎克伯格联手，我们将会真正地把世界连接在一起。"

WhatsApp 软件在使用的第一年是完全免费的，此后，用户只需每年支付 1 美元的服务费即可享受当年的服务。而且使用 WhatsApp，没有广告，更没有收费广告，自然不需要付费升级。在提及这个问题时，扎克伯格表示，不会给库姆和艾克顿任何有关盈利方面的压力，但他却希望 WhatsApp 能够在未来五年内争取到全球用户。不过，据有关方面的数据显示，预计到 2017 年，WhatsApp 能够实现 10 亿美元的年营收额，看来 WhatsApp 最终会使扎克伯格狠赚一笔。

在不断的讨价还价中，扎克伯格曾开出 150 亿美元的价码，但库姆表示自己的期望值是 200 亿美元。2 月 14 日，扎克伯格开价 190 亿美元，这正中库姆下怀。对于此次交易，扎克伯格也兴奋得一塌糊涂。而在美国媒体眼中，简·库姆诠释了从一文不名的移民者变成亿万富翁的“美国梦”。

同时，很多人心存质疑：虽然 WhatsApp 会在几年后带来利润，但如此高价收购是否是一次赔本的买卖呢？其实，扎克伯格肯出如此高价自有他的打算。Facebook 下属的 Facebook messenger 在移动市场上表现平平，因此 Facebook 急需一款像 WhatsApp 这样的明星产品来为未来 5~10 年的移动互联网时代做好铺垫。

“对于扎克伯格和他的想法，我一直是非常尊重的，这也正是他运营 Facebook 所秉承的理念。他是一个有眼光的人，他看到的不只是明天，而是多年以后的互联网时代。我和他之间的交流，一直持有这样的观点。”库姆如是说。

相对于盈利，产品更重要

“不卖广告、不做游戏、不要花招。”这是贴在 WhatsApp 办公室里的一句话，这句话曾经是写在便笺纸上的，没有一丝要花腔的味道。“从一开始，我们专注的便是提升纯信息服务的体验。”库姆说，“我和艾克顿都是搞技术的人，从不擅长营销和与媒体打交道，对之我们也非常抵触，因为我们知道，喜欢上了这些东西，就不会把全部的精力放在产品上。”而WhatsApp只做最好的产品。这一点，可以从WhatsApp的发展中得到印证。

在WhatsApp创立之初的几年里，库姆和艾克顿都没有薪水，他们一心扑在WhatsApp的研发和升级上。

“打造一款没有广告的产品是我们所希望看到的，我们要最大限度地将宝贵的时间用来创造一项人们愿意使用的服务；不是为了盈利，而是为了能帮助他们省钱，让他们的生活因为有了我们的产品而慢慢变得更好。如果能做到这几件事情，我们就可以直接向用户收费了。”

近乎偏执的原则，让库姆和艾克顿在五年的时间里创造了奇迹。从2014年年初开始，WhatsApp平均每天注册的新用户数量达到了100万人。

其实，只要WhatsApp设定简单的无线运营付费方式，财富便会自动送上门来。但库姆并不想因为盈利而眼睁睁地看着用户投入那些提供免费服务的竞争对手的怀抱，所以，WhatsApp只在美国和英国等少数国家收费，这些国家的移动支付体系相对而言是比较成熟的。

就目前来说，WhatsApp的赚钱方式主要有两种，一是向苹果手机用户一次性收取0.99美元的安装费，二是向安卓设备用户每年收取0.99美元的费用。

目前，WhatsApp的盈利计划仍处于初期阶段，因为营收对于现阶段的WhatsApp来说并不是首要任务，首要任务是避免用户的流失。

如今，WhatsApp的活跃用户数量已达到5亿，虽然它的盈利状况比不上竞争对手LINE，但它却是世界上非常流行而且很稳定的即时通信软件。

创业课堂

无论多么成功，多么富有，库姆和他的创业伙伴都会和硅谷众多的扎克伯格们一样继续创新、创造，冲浪科技，遨游生活。盈利固然重要，但更重要的是让全世界的人都能用上简单快捷的产品，让更多的人可以享受到便利的服务。当用户对你提供的产品感到非常满意的时候，盈利便会成为水到渠成之事。在库姆看来，成功就是这么简单。创业者要明白一个道理，赚钱永远都不是最重要的，最重要的是你正要做和正在做的这件事是有莫大价值的，可以给社会、给他人提供更多的便利和收益。当用户认可了你的产品或服务，那么成功也就指日可待了。

SILICON VALLEY ENTREPRENEURIAL THINKING

第5章

迅速壮大初创公司

——Dropbox 创始人德鲁·休斯顿的创业思维

26 岁那年，德鲁·休斯顿（Drew Houston）的身价暴涨到 6 亿美元，他本人也因此成为炙手可热的硅谷传奇人物。当时的休斯顿只不过是刚刚起步。29 岁那年，一笔高达 3.25 亿美元的融资为休斯顿带来了充足的资金，这笔融资使休斯顿的公司市值达到了 95 亿美元，同时，这位不到 30 岁的创业者净资产达 14 亿美元。那么，休斯顿是如何把一家初创公司在如此短的时间做到今天的成就的呢？因为他的执著。他创立的云存储服务器 Dropbox 正从单纯的文件共享服务发展成全功能平台，甚至有可能完全替代计算机硬盘。

做最具发展前景的公司

提到 Dropbox，你可能会有些陌生，但如果提到那个“打开的盒子”的标志，提到百度网盘、360 云盘等，你便会再熟悉不过了。对，这些你每天都能用到的云存储软件便是 Dropbox 的替代产品。休斯顿把 Dropbox 叫作“收纳盒”，他认为“收纳盒”是最有发展前景的事业，而他的公司也是最具发展前景的公司。

德鲁·休斯顿对计算机的爱好似乎与生俱来。5 岁那年，他就对一台 IBM PC Junior 电脑产生了兴趣。14 岁那年，休斯顿签约了一家网游公司，为其游戏寻找安全漏洞。对于大多数人来说，5 岁时也许正在父母的怀里尽情撒娇；14 岁，应该正享受着无忧无虑的校园时光。而此时的休斯顿已经在为创业做准备了。

高中和大学期间，休斯顿频繁创业，Dropbox 已经是他创立的第六家公司了。

进入麻省理工学院后，休斯顿变成了一个计算机怪人，整天埋头编程。一天，他偶然读到了丹尼尔·戈尔曼（Daniel Goleman）的《情商》一书。受此书的影响，休斯顿意识到运营一家公司仅会编程是不够的，于是他开始读一些经济管理方面的书籍。

有野心才会有干劲，才能最大限度地接近成功。为了提升管理能力，休斯顿参加了学校里的社团，他后来表示：“这锻炼了我管理项目的能力，并学会了如何让别人为你工作。”

和Instagram的凯文·斯特洛姆一样，休斯顿也认为他的大学时光给了他颠覆性的影响。大学期间，他认识了一些对他的一生都有深远影响的朋友，如亚当·史密斯。亚当·史密斯没有像休斯顿那样如期完成学业，而是像他的偶像比尔·盖茨那样中途退学，去旧金山创立了一家电子邮件搜索公司。当时休斯顿也蠢蠢欲动，但他觉得还是有必要先完成大学学业。

大学毕业后，休斯顿住进了史密斯及其他10位创业者所在的一栋公寓。他非常怀念大学时期的生活，他希望在这里找到一些大学生活的影子。

一天，休斯顿去纽约办事，当时他坐的是一辆大巴。由于有将近4个小时的遥远车程，百无聊赖的休斯顿便打开随身携带的笔记本电脑，想利用这段时间把之前没有编完的小程序再完善一下，可他发现，由于匆忙，存储资料的U盘没有带在身边，而他编程所需的数据都在U盘里。无奈，休斯顿只好看着笔记本电脑发呆。突然，他脑子里灵光一现：如果能够通过网络把各种数据同步到便携设备里，那该是怎样一种情形啊！休斯顿把这个还没有成型的事物想象成“收纳盒”，在任何有需要的时候都能把文件或资料从盒子里拿出来使用，当然，这个前提是必须在有网络的环境下。通过“收纳盒”，用户还可以与好友分享这些资料，一旦用户从某一设备上对资料做了修改，在其他设备上都能即时显示。

成功的人都善于把自己的思想变成行动。四个月后，休斯顿回到旧金山，他着手做的第一件事就是带着“收纳盒”这一创意向保罗·格雷厄姆（Paul Graham）的创投公司Y Combinator寻求融资。

和很多投资人一样，为了减少风险，保罗·格雷厄姆建议休斯顿寻找一位联合创始人。

寻找联合创始人并非一件易事，首先要看两个人是否志同道合，其次还要看二人的性格等是否互补。在创业过程中，难免会出现意见背道而驰的情况，如果二人都是火爆脾气，那么在讨论时很容易陷入僵持状态，创业的步伐便会减缓。只有二人相互信任，相互支持，创业才能顺利开展。

在苦苦寻找两周后，休斯顿与朋友介绍的一位名叫阿拉什·菲尔多西（Alash Ferdowsi）的校友一见如故。在见到菲尔多西时，休斯顿眼前一亮，不禁脱口而出："就是他了。"二人一见面就畅谈了两个多小时，双方都有一种相见恨晚的感觉。

从 Y Combinator 那儿得到 1.5 万美元的投资后，休斯顿用这些钱租了一间房子，买了一台苹果计算机。随后，二人便投入到疯狂的研究中。作为创意者，休斯顿每天都会花至少 20 个小时去研究苹果计算机的系统。虽然休斯顿每天只有三四个小时的休息时间，但他却乐此不疲。工作狂？夜猫子？也许每个软件工程师都是这样的吧。

几个月后，Y Combinator 组织了一场活动，休斯顿和菲尔多西应邀参加。在那次活动中，他们结识了佩吉曼·诺扎德（Pejman Nozad）。诺扎德创立了在线支付平台 Paypal，他对休斯顿的 Dropbox 的创意很感兴趣，并在几天后带休斯顿和菲尔多西走进了红杉资本的办公室，并夸张地向对方说有好几家投资公司已经向 Dropbox 抛来了橄榄枝。

红杉资本是一家著名的风投公司，此前曾投资过谷歌和雅虎，还投资过像简·库姆的 WhatsApp 等年轻的初创公司。

"我肯定，其他大公司也会进入这个市场，但我还是有足够的理由相信，休斯顿和菲尔多西有能力打败这些竞争者。"红杉资本高级合伙人迈克尔·莫里兹（Michael Moritz）说。最终，Dropbox 得到了红杉资本 120 万美元的注资。

有了足够的资金，接下来便是把Dropbox这一创意变成产品了。休斯顿是一个完美主义者，为了能设计出完美的“收纳盒”，他不分昼夜地工作，一次一次地完善所编的程序，直到自己满意，才把它交给菲尔多西。

菲尔多西曾说：“我是Dropbox的把关者，一切细节都必须做到尽善尽美。”看来，休斯顿找菲尔多西做搭档的确是找对了，菲尔多西和休斯顿一样对工作兢兢业业、细致入微，同样是一个完美主义者。

2008年，金融危机席卷了整个美国，但休斯顿的Dropbox受到的影响并不大，因为Dropbox一直都保持着精干的规模。谁也想不到，当Dropbox的用户达到20万人时，公司的员工只有9人，也就是说，平均每位员工服务2万人。到2010年，Dropbox的用户增长了10倍之多，而员工只增加了5人。休斯顿追求的是以最少的投资争取最大的利润。

随着公司知名度的提升，很多广告商纷至沓来，但休斯顿和菲尔多西对待广告宣传的态度却很敷衍，他们也很少理会来自风投公司的信息；但对于客户的咨询与投诉，他们却从没有马虎过。他们会认真回复每一位客户的邮件，解答问题并接受建议，致力于把一部分忠实用户转变成“销售人员”。

从2009年开始，Dropbox采取了邀请注册的方式，即邀请和受邀的注册账号可以同时获得更多的存储空间。Dropbox向用户承诺，只要用户推荐一个新用户注册Dropbox，就可以免费获得250M的空间。这一办法果然大大刺激了注册量，其中，Dropbox 25%的新用户都是通过这种方式加入的。就这样，Dropbox的用户像滚雪球一样越滚越大，且仍然在不断地增长。

Dropbox的火爆程度令休斯顿和菲尔多西始料未及。美国著名歌手利用Dropbox创作了热门歌曲；一家意大利的手表设计公司通过Dropbox与阿根廷的一名设计师合作设计了新系列的手表；专业体育团队利用Dropbox存储对手的比赛规则；甚至当菲尔多西穿着印有“Dropbox”字样的服装出现在老家堪萨斯城时，也被围得水泄不通。

Dropbox的前景一片大好。很多用户在用完2G的免费存储空间后，会每月交付10美元将空间扩大至50G，或交付20美元扩大至100G。这样算来，即使没有新用户加入，公司的收入也会不断上升。而事实上，Dropbox每天都会增加很多新用户。

这时候，来自硅谷方面的关注又把Dropbox向前推进了一步。2008年之前，休斯顿一共筹集了720万美元的资金。而到了2011年9月，刚刚成立5年的Dropbox成功融资2.5亿美元。据估算，2011年Dropbox市值高达40亿美元，持有15%股份的休斯顿则拥有6亿美元的账面财富。

休斯顿独到的眼光终于得以证实，Dropbox这种具有“收纳盒”功能的软件的确很有发展。休斯顿相信，未来，Dropbox会以更快的速度前行，他的目标是，在全世界每一个有网络的地方都有Dropbox!

把乔布斯拒之门外

刚刚起步的休斯顿是如何引起史蒂夫·乔布斯的注意的呢？这其中还有一段鲜为人知的故事。

Dropbox成立初期，为了能够使这款“收纳盒”在所有的计算机上运行，休斯顿对苹果电脑进行了透彻的研究，他不但破解了苹果电脑的文件系统，还把Dropbox的标志（一个打开的箱子）嵌入其中。在当时，连苹果公司的精英团队都无法做到这一点，而一个名不见经传的年轻软件开发者却做到了，这引起了乔布斯的关注。

2009年冬季的一天，休斯顿和菲尔多西前往加利福尼亚的苹果公司总部与乔布斯见面。休斯顿一直把乔布斯视为自己的偶像，把苹果公司视为自己的奋斗目标。这次与乔布斯的会面，休斯顿准备了很长时间，他希望能在自己的偶像面前最大限度地展现自己。当时，为了节省开支，休斯顿还没有一辆属于自己的车，而是租了一辆丰田车，和菲尔多西一起前往苹果总部。坐在租来的车上，休斯顿神采飞扬，激动之余不禁引吭高歌起来。终于可以和自己的偶像见面了，虽然不知道结果会怎么样，但他还是难掩内心的喜悦。

刚一见面，还没等休斯顿自我介绍，乔布斯便潇洒地摆了摆手，示意休斯顿不必介绍。他开门见山地说："我知道你是谁，我也知道你的公司是做什么的。"

原来，乔布斯关注休斯顿和Dropbox已经很久了，而且乔布斯对"收纳盒"很感兴趣。乔布斯曾在演讲中特意提到"收纳盒"，他说，"收纳盒"便是把用户所有的资料从不同的设备集中到一个地方；但要完全实现这一想法，可能还有很长的路要走。由此可见，乔布斯对"收纳盒"这一概念很感兴趣，难怪他开出9位数的高价收购Dropbox。

乔布斯是一位眼光远大的人，他在Dropbox成立不久便提出收购计划也是他具有魄力的一种表现。试想，一家只有几间简陋办公室的小公司，既没有营业收入，又没有雄厚的运转资金，谁会想把这种公司纳入旗下呢？万一经营不好，便会成为累赘，可谓一招险棋！但乔布斯却以其敏锐的眼光看到了Dropbox的发展前景，认为它是未来的一个发展趋势，所以他想将其收为苹果旗下的战略资产。

然而，令乔布斯意想不到的是，这家只有几名员工的小公司的"穷"创始人却拒绝了他。乔布斯原本设想的结果是这样的：对方会感激涕零地接受他的收购，并以被苹果公司收购而深感自豪。谁知对方竟会拒绝他："我不卖公司，我要把它做大做强。"这实在出乎乔布斯的意料，他不禁佩服起休斯顿和菲尔多西来。

虽然生意没谈成，但休斯顿还是很珍惜这次和乔布斯见面的机会。乔布斯一直是休斯顿追逐的目标，他多么想有一天自己也能把 Dropbox 做成像苹果手机那样遍布全世界。休斯顿向乔布斯提出了很多问题，乔布斯微笑地看着眼前这个活跃健谈的年轻人，耐心回答他的问题。而一旁的菲尔多西，则一声不响地选择做一名倾听者。

在会谈中，乔布斯还向休斯顿和菲尔多西谈起自己的创业经历，并提醒二人一定不要轻易信任投资者等。总之，这次和乔布斯的会面让休斯顿受益匪浅。

结束会谈时，乔布斯兴奋地表示不久后要去 Dropbox 旧金山的办公室拜访休斯顿，并说明即使不能收购 Dropbox，苹果也会打入他们所在的市场。当时，Dropbox 还不能算是一个产品，只不过是一项功能。

乔布斯并非在向休斯顿示威，但对于休斯顿来说，乔布斯的苹果的确是他最强有力的竞争者。此外，谷歌、微软和亚马逊等都纷纷进入这个市场，当时的谷歌即将推出一款与 Dropbox 类似的新产品，加上苹果两年后开发了 iCloud，休斯顿开始寝食难安。苹果的 iCloud 研发成功后，肯定会在其近 3 亿 iPhone、iPod 和 iPad 用户中大力推广；而谷歌，它每月有近 10 亿的点击量，其安卓设备也有 1.9 亿用户。Dropbox 只不过是一家刚刚起步的小公司，拿什么来和这些实力雄厚的巨头们竞争呢？

挑战来自竞争，正是因为有了众多的竞争对手，才使休斯顿更加励精图治。凭着一股傲气，他坚守在 Dropbox 最前沿的工作岗位上，并鼓励员工与他一起并肩作战。休斯顿和手机制造商 HTC 达成协议：HTC 今后将在其安卓手机中内置 Dropbox 应用。除此之外，Dropbox 还与其他几家手机、计算机及电视机厂商达成协议，并展开合作。

在休斯顿和全体员工的努力下，Dropbox 的规模越来越大。据有关资料显示，至 2014 年 5 月，Dropbox 的用户已经突破 3 亿人，而 2013 年 11 月 Dropbox 的用户才有 2 亿人，仅半年就多了 1 亿用户，增长速度相当惊人。这也表明，在网上存储照片、视频等已逐渐成为大众化行为。

2014 年 4 月，Dropbox 推出了一个名为 Carousel 的功能。这款应用可以自动读取用户在手机相册和 Dropbox 云端的照片，并按时间轴加以整理。Carousel 还主打分享功能，它可以在一秒钟内将数百张照片分享给邮件联系人。Dropbox 给 Carousel 的定位是“一站式内容管理”。也就是说，除了照片，Carousel 还会增加对用户视频、笔记等内容的管理。

此外，Dropbox 还收购了擅长 3D 照片拼接的新创科技公司 Bubbli。

将初创企业做大做强

Dropbox 之所以能够成功，是因为它牢牢抓住了用户的需求，而且把用户体验做到近乎完美，产品无懈可击。这是休斯顿成功的基础。

随着 Dropbox 的不断发展，其迎来了另一个巨无霸——微软的青睐。2014 年，Dropbox 发布了旨在与微软 Office 进行集成的“Project Harmony”计划。Dropbox 近 3 亿用户、8 万家付费企业是微软无法忽视的巨大市场。当然，Dropbox 也为微软搭了桥。Dropbox 将会给自己的移动 App 增加选项，一旦用户试图打开云存储中的 Office 文档，若用户的手机未安装 Office App，

Dropbox 便会提示用户下载。

好产品总会有无数人关注。Facebook 的马克·扎克伯格也对 Dropbox 非常感兴趣。早在 2011 年秋天，扎克伯格便与休斯顿商讨过双方合作的计划，虽然最后不了了之，但两个人却因此成了好朋友，经常聚到一起谈天说地。当然，所聊话题大多数还是两人都熟悉领域的趣闻。

2013 年，休斯顿曾应邀回到他的母校麻省理工学院，并在一场毕业典礼上发表演讲。在演讲中，他对自己的创业历程进行了总结。

休斯顿认为，创业是需要策略的，他向人们推荐了八个关于第一次创业的策略。

1. 不要把自己看作初学者，而应看作是创办人

当你创业时，若把自己定性为一个初学者，你就会越来越觉得受限制。其实，很多变革性的创新都来自“不可能”，初学者遇到不可能会知难而退，而那些创办人则并不在意他们做的事是否会实现。

2. 创业者就是为了解决问题而出现的

每个人都有一些想法，而且总是放不下这些想法，直到把它实现。这其实是创业最基本的条件。对于一个创业者来说，一定要区分你的想法是否能真正解决某个问题。当你不停地思考一个问题时，总会度过兴奋的“蜜月期”。而一旦你把“创办人”这三个字印在名片上，你便会发现你要做的事情简直多到不可想象。

3. 打造一个知识机器

对于休斯顿来说，学习新事物是让他成长的基础。对于学习，他一直没有停止过，甚至将学习系统化了。例如，休斯顿不懂销售，他就在亚马逊上搜寻相关的图书，把排在前几位的书都买回来，精学细究；不仅在销售方面

如此，他在行销、财务、工程等方面也是如此。

4. 笑着面对失败

一般来说，人们总会认为加入初创公司或是自己创业具有高风险。其实并非如此，即使创业没有成功，创业的经历仍然是我们所得到的最有价值的东西。下一次创业，之前失败的经验都会成为一种资本。

5. 需要尽快地适应

创业初期，创业者必须把愿景放到高于金钱或产品本身上，即专注于为使用者创造价值。这时候，创业者需要做的最紧迫的事情便是帮助公司员工更加有效地工作，缩小各部门之间的隔阂。

6. 找对创业搭档

在找合伙人方面，要本着宁缺毋滥的原则。休斯顿就是这样做的，他知道自己想要什么样的人；合伙人找对了，接下来便是程序上的事了。休斯顿曾说："寻找合伙人要像找结婚对象一样精心。"

7. 专注于一个目标

当今社会上那些功成名就的人，都有一个共同点：找到深深吸引他们的目标，并专注地朝着目标前进。寻找目标之前，你一定要专心聆听自己内心的声音。休斯顿很早就把自己定位在程序员的位置上，虽然有段时间母亲曾极力反对，但他一直不改初衷。这是创业者必须具备的素质之一。

8. 寻找竞争对手

环境能激发一个人的潜能，环境中的竞争对手会刺激创业者不断地自我提升。创业者找到正确的目标，去最顶尖的环境里学习，让自己置身于竞争之中。如果没有苹果、谷歌等竞争对手，Dropbox 很可能会止步不前，今天的云存储也不会这样方便快捷了。

人生就是一场冒险，最大的风险不是失败，而是过得太安逸。不要试着追求完美的人生，而应该尝试着把人生变成一场华丽的冒险。休斯顿就是这样一路走来，才拥有了一段华美的历程。

创业课堂

对于初创公司及其创始人来说，应当站在全球的高度，从高处和远处审视自己，衡量自身，取长补短，以求赶上和超越竞争者。若闭门造车，只看自己不观他人，即便当下你的产品有独到之处，也随时都有被淘汰的可能。要想把初创公司做大做强，除了具备休斯顿提到的上述八点要求外，还要学会借助他人的力量，只有这样，才能在最短的时间内创造出最具市场价值的产品。

SILICON VALLEY ENTREPRENEURIAL THINKING

第6章

勇敢地去做，没有什么不可能

——甲骨文创始人拉里·埃里森的创业思维

他拥有全球庞大的数据库软件公司，他的产品遍布全世界，似乎每个人都离不开他；他不是天才，不是年少成才，在 32 岁以前他还一事无成；他先后读了三所大学，却没有得到一个学位文凭；他换了十几家公司，却没有一家适合他……他，就是拉里·埃里森（Larry Ellison），甲骨文（Oracle）创始人。在很多人眼里，埃里森乐于享受、敢作敢为、自信爆棚……他从不缺少勇气，也正因为有了勇气，他在 32 岁时决定创业；正因为有了勇气，他决定进入并不熟悉的计算机领域；正因为有了勇气，他一度成为硅谷首富。他总是鼓励年轻人：只要有好的想法，那就勇敢地去做，因为，一切皆有可能！

硅谷的坏孩子，是疯子还是冒险家

拉里·埃里森是俄罗斯移民，自小在美国芝加哥的舅舅家长大。学生时代的埃里森显得非常普通，甚至有点笨拙。他性格孤僻，喜欢独来独往，却十分注重打扮和享受美食。埃里森先后进入三所大学，但没有拿到任何一所大学的文凭。虽然最后埃里森进入了计算机行业并决定创业，但正如他所说，他从来没有上过一堂计算机课，对此他说："大学学位在某些时候是非常有用的，我一直这样认为，所以我建议每个人都去获得一个或者更多的文凭。由于我自身的原因，我在大学没有得到任何学位，甚至没有上过一堂计算机课，但我却成了一名公认的优秀程序员。我完全是从书本上自学的。"

一般来说，如果选择创业，我们会选择自己熟悉的行业，只有在自己熟悉的领域，做起事来才能顺风顺水，游刃有余；而一旦进入陌生的领域，手脚受到束缚，处处碰壁，创业大多会失败。但埃里森却反其道而行之，做出了在别人看来的冒险之举。如果你对埃里森和 Oracle 有一定了解的话，你的困惑便会释然。1977 年，当埃里森成立 Oracle 时，比尔·盖茨的微软和史蒂夫·乔布斯的苹果两家传奇式的公司正蒸蒸日上，任何人都看得出来，计算机行业前景广阔。虽然埃里森计划成立的公司与微软和苹果公司在产品、理想、文化等方面不完全相同，但有着相似的创始人团队，那就是一个心怀梦想的技术企业家加上一个技术天才。微软有比尔·盖茨和保罗·艾伦，苹果有史蒂夫·乔布斯和斯蒂夫·沃兹尼亚克，而 Oracle 有拉里·埃里森和鲍勃·迈纳。

在当时，经营一家软件公司并不需要太多的资金，用埃里森的话来说就是："用很少的钱就可以创业。很多家伟大的软件公司都是这样开始的，微软和我们都是这样，而我们的资金比微软更少，几乎一无所有。"

其实，埃里森成立 Oracle 还有一个小插曲，也算是直接的导火索。

1976 年，IBM 的研究人员发表了一篇名为《R 系统：数据库关系理论》的文章，这篇文章介绍了关系数据库理论和查询语言 SQL。虽然当时的埃里森还是这一行业的门外汉，但他却非常仔细地阅读了这篇文章，并被其中的内容所震撼，这是第一次有人使用全面一致的方案管理数据信息。虽然埃里森并不能理解其内在的深意，但他还是敏锐地意识到在这个研究的基础上可以开发商用软件系统。

1977 年 6 月，构思已久的埃里森和另外两位合伙人出资 2000 美元成立了软件开发研究公司，埃里森拥有公司 60% 的股份。这一年他 32 岁。

有些人并不缺少创业机会，而是缺乏把握机会的能力以及冒险精神。埃里森正是拥有了这种能力以及冒险精神，并把握住了成功的机会。

任何一个新事物的出现都不是一帆风顺的，甚至会遭到否定和批判，但谁也阻挡不了社会的发展和时代的进步。在潮流和趋势面前，谁先接受了新的观念，谁就有可能把握先机。正如李嘉诚所说："当一个新事物出现，只有 5% 的人知道时，赶紧做，这就是机会，早做就是先机。当有 50% 的人知道时，你只能做个消费者了。"

当时，关系数据库的速度太慢，大多数人认为它不可能满足处理大规模数据或者大量用户用来存取数据的需求，这种数据库自然不会有太大的商业价值。在外人并不看好关系数据库甚至敬而远之时，埃里森却认为这是他们的大好机会，并决定开发通用商用数据库系统 Oracle。当然，独具慧眼的并非埃里森一人，加利福尼亚大学柏克莱分校也在开发关系数据库系统 Ingres。

1985 年，IBM 发布了关系数据库 DB2，而此时埃里森已经因开发数据库系统软件而成了千万富翁。到 1996 年，Oracle 成立 20 年时，其市值已经高达 280 亿美元。

埃里森曾将 IBM 选择微软的 MS-DOS 作为 IBM-PC 机的操作系统称为“非常严重的一次错误”。

任何事物都不是完美的，都会有不同的缺陷，Oracle 也一样，但埃里森却向客户宣称 Oracle 能在所有的机器上运行。大型公司和机构拥有各种类型的计算机和操作系统，他们希望购买到通用数据库，而 Oracle 看上去能满足他们的需要。当时 Oracle 的规模还很小，只有四五个程序员，但为了成功，埃里森夸大了他们的规模。试想，如果客户知道了他们的实情，还会购买他们的产品吗?

在外界看来，埃里森是个疯狂的男人、冷酷无情的商人、前卫的思想家……不管这些绰号或称谓是褒扬还是讥讽，它们都能映衬出埃里森刚毅的个性和特立独行的风格。虽然被大众认为是硅谷里的坏孩子，但埃里森并不在乎，他在乎的只有成功与否，成功了，再大的冒险都是值得的。有人曾问埃里森为什么毫不惧怕冒险，埃里森的回答语惊四座：“我不断地用生命去冒险，只为了确认自己仍然活着。”

Oracle 有个很古老的名字叫“甲骨文”。身在硅谷这种高科技产业之中，为什么会如此命名呢? 原来，“甲骨文”用以占卜未来、传递知识的功用与 Oracle 的理念不谋而合，故此才有了这一“神”来之笔。

向微软学习是为了打败微软

硅谷人才济济，但像埃里森这样的“疯子”并不多见。硅谷是个纳才之地，无论你多疯狂，只要你有思想，有高人一等的远见卓识，便有你的立足之地。

只要有埃里森出现的地方，争论、八卦以及狂热的追随者们便会纷至沓来。人们对他兴趣十足，不仅是因为他的传奇人生、他一手打造的大型数据库公司，更因为他与比尔 • 盖茨绵绵无期的“豪门恩怨”。

埃里森曾说：“我一直希望打败微软，成为世界上最大的软件公司，这将是我人生的最大目标。对我来说，成功本身并不重要，重要的是我周围的竞争者都被我打败，那时我才是真正的成功。”埃里森的狂妄在硅谷屈指可数，他说出这样的话并不稀奇。而且，《财富》杂志也把埃里森比作软件界堪与比尔 • 盖茨比高低的人，认为“在进取精神、胆识魄力、坚强果断、高傲自信等方面，埃里森和 Oracle 是计算机业界少数能与盖茨和微软媲美的首席执行官和公司”。

生活中的埃里森总在试图彰显自己与比尔 • 盖茨的不同。但是，埃里森并不满足于在一些细节上与盖茨比拼高低，他最陶醉的是能够在事业与市场上与比尔 • 盖茨比拼。

微软算是 Oracle 的前辈，虽然只早了两年。比尔 • 盖茨决定创立微软时，其本身便是个内行人，而埃里森不同，他在进军计算机软件行业时还是个门外汉。但埃里森是个不折不扣的勇士，从 Oracle 成立的那一刻起，他便把比尔 • 盖茨和微软作为他毕生追求的目标，并马不停蹄地朝着这一目标努力，一刻也没有停息过。

当然，在赶超微软的道路上，Oracle对身边的其他竞争对手也毫不手软。所有的攻城掠地，所有的激烈战役，以及所有的胜利凯旋，都在埃里森的意料之中。这就好比一场拳击赛，一名业余的拳击手在击倒一个又一个对手之后，自己会从中学到许多克敌制胜的绝招，慢慢地，从业余变得专业，进而越来越强大。

Oracle与微软之间的争斗由来已久。众所周知，Oracle是从帮助IBM大型机建立软件起家的，微软则是从帮助IBM个人电脑做软件而坐上巨人宝座的。微软瞄准的是PC机，而Oracle关注的是大型机。一个打低端市场，一个走高端路线，一段时间以来，大家倒也相安无事。1986年3月12日，Oracle以每股15美元公开上市，一天之后，即3月13日，微软便以每股21美元公开上市。两个宿敌狭路相逢了。

市场稳定之后，Oracle的软件应用开始逐步向PC机扩展。微软也不甘示弱，为了对付Oracle，将Windows NT扩展到大型机上。战争一触即发！

20世纪80年代末期，微软从Sybase手里买到了数据库软件技术。本来商业买卖也无可厚非，但Sybase毕竟是Oracle的竞争对手，这就意味着微软已经开始了直接挑战Oracle数据库的征程。微软推出的SQLServer产品刚刚推向市场时，单从技术层面来看，并没有对Oracle构成威胁。一向好战的埃里森甚至没有意识到这是一场没有硝烟的战争的序幕。然而，对微软本身而言，SQLServer既不是微软的提款机，也无需投入过多的资金，能赚则赚，赚不到就当成是打击Oracle的一个武器。在微软还没有推出SQLServer之前，数据库产品一直比较昂贵，但在微软推出廉价的SQLServer之后，高价无以为继。对企业级用户而言，选择SQLServer的可能性并不大，但是Oracle的价格结构却因之而动摇了。尤其对于那些中小用户和手头较紧的用户来说，

Oracle昂贵的价格往往会使他们不得不选择微软的数据库。

数据库与操作系统的整合是微软对Oracle的最大威胁，而Windows NT与SQLServer合二为一的产品，则对Oracle的威胁更大。庆幸的是，Windows NT与SQLServer是分开卖的，用户能够选择，选择了其中的一个，另一个还可以给别人的产品一个机会。而一旦二者整合在一起，对用户而言就没有了选择，对Oracle等公司而言也就没有机会了。

面对微软的高智谋，埃里森开始时的确有点招架不住，但一个“趔趄”之后，他马上稳住了阵脚。这位IT界的拳王阿里对自己的步伐进行了快速调整，并且选择了新的出拳路线。

1997年，尽管微软没有停止对Oracle的残酷打压，但Oracle数据库软件业务依旧蒸蒸日上，而它的竞争对手，曾与微软合作的Sybase和Informix则日显颓势。思维超前的埃里森心里明白，要想使Oracle继续保持每年30%的增长速度，除了稳住现有的产品外，还必须寻找其他出路。埃里森“永远领先业界18个月”的评价果然名不虚传！

微软的Office套装软件推出之后，埃里森眼前一亮，他感到Oracle有机会再创辉煌。他想：如果Oracle也能将受用户欢迎的一些局部的应用软件系统，如CRM（客户关系管理）、ERP（企业资源计划）以及SCM（供应链管理）等，用电子商务把它们完整地串联在一起，不就多了一项与微软较量的资本吗？

如果说微软在个人计算机领域的霸主地位是通过集成的办公套装软件得来的，那么把Oracle推上互联网时代巨人宝座的便是集应用软件之大成的电子商务套件。为了实现这一宏伟蓝图，埃里森豪赌Internet，这是一种激进的、以公司为赌注的战略。埃里森在接受媒体采访时曾踌躇满志地表示：

“我一直认为，Oracle 能成为互联网上一流的软件服务商。”为了更快地实现目标，埃里森无论多么繁忙，都不会忘记敦促 Oracle 的工程师们开发兼容互联网的新软件。正是因为有了埃里森的创意，新软件才得以推出，才使得 Oracle 的销售收入飞速提升。Oracle 在 IT 界的地位又与微软拉近了一步。

今天，应用软件已经是 Oracle 成功的产品之一。正是因为有了应用软件，Oracle 才能将原有的竞争对手远远地抛在身后；正是因为有了应用软件，Oracle 才能够登上全球电子商务套件的霸主地位。

2000 年年底，埃里森在 Oracle 所持有股权的价值上升到 394 亿美元，而盖茨在微软所持有股权的价值则下降到 359.9 亿美元，埃里森一度抢了盖茨的风头。不幸的是，网络股泡沫破灭的无情结果只让埃里森做了几天的硅谷首富。不过，埃里森并没有就此灰心，他毫不遮掩地表明对盖茨的“仇恨”。这一仇恨使埃里森无时无刻不在向微软学习，用埃里森的话来说就是“向微软学习是为了打败微软”。

当然，人们在嗅到埃里森释放出的浓浓火药味的同时，更清晰地看到了另一种景象：在世界软件行业，Oracle 总是被冠以“世界第二”的头衔，在它的前面，微软还是一道不可逾越的墙。于是，“我要做世界第一”的欲望不停地在埃里森的心中刺激与膨胀着。

2011 年，甲骨文与惠普打了一场惹人注目的官司后，又与谷歌在法庭上争得面红耳赤。在当年美国科技行业七大诉讼案中，Oracle 就占了两件，这还不包括 Oracle 与微软不分胜负的各种较量。

只要有勇气，一切皆有可能。埃里森的思想从没有停止过，甚至以非常人的速度在运转。有了想法和敢于去做的勇气，才会有成功的可能。在 Oracle 与微软的较量中，彰显的是一个硅谷人的血性思维。

由外行到电子商务擎旗人的完美蜕变

与他的对手比尔・盖茨的朴素着装风格相比，埃里森出场时都会身着剪裁考究、手工缝制的高档西服。外界虽然对他的性格褒贬不一，但对他极富感染力的形象还是交口称赞的。表面上看，埃里森是一个雄辩的预言家，是一个敢冒风险的运动员，是一个经常传出绯闻的花花公子……然而，如果就此将埃里森界定为一个“坏蛋”的话那就大错特错了，在埃里森表面乖张的背后，显示出的是他细致入微的精明。埃里森的好朋友安迪・格鲁夫曾说：“从外表来看，埃里森一直以‘坏男孩’的形象示人，而实际上，尤其是当他工作时，他比任何人都卖力。否则，埃里森怎么能完成从外行到电子商务擎旗人的完美蜕变呢？”

20 世纪末期，凭着敏锐的眼光，埃里森预料到在不久的将来，所有的企业都会完成向互联网上虚拟空间的迁徙，而此时，一批像微软和 Oracle 这样的网络软件公司必将扮演领导者的角色。也就是说，争夺未来的激战会在微软和 Oracle 等为数不多的几家公司之间展开，而埃里森认为，Oracle 是最有机会超过微软成为最大软件公司的那一家。

埃里森比盖茨年长 11 岁，但他的思想并没有落后于盖茨 11 年。1995 年，埃里森便提出了以互联网为核心的重要战略。同年 3 月 23 日，埃里森参加 Oracle 用户大会，并就互联网的未来发表了重要演讲，他在演讲中指出，在未来的世界里“互联网就是一切”，并预言互联网将改变人类的生活方式。此后，Oracle 便把技术、资本和市场等资源都投入到互联网上。两年后，凭借在数据库方面绝对的技术和市场优势，Oeacle 率先宣布推出全球第一个全面面向互联网的数据库 Oracle 8i。

在埃里森的带领下，Oracle在围绕互联网展开的IT厂商新一轮角逐中独占鳌头。

Oracle之所以能够有今天的成就，很大一方面取决于埃里森对Oracle前瞻的电子商务策略充满信心并付诸行动。而实际上，Oracle不仅是电子商务的倡导者与领导者，更是电子商务的实践者与受益者。通过使用自己开发的电子商务解决方案，Oracle逐步实现了向完整的电子商务企业的转变。如今，全球的任何一个Oracle客户都可以通过互联网购买Oracle的产品和在线服务，还可以参加Oracle在互联网上举办的各种研讨会，这让更多的客户被Oracle吸引过来，开始了良性循环。

埃里森如此看待自己的Oracle电子商务："这是个电子商务时代，竞争越来越激烈，对于每一家发展中的企业来说，迅速起步、即刻获益、轻松扩展便成了重中之重。"

无疑，埃里森是豪赌互联网的大赢家，如此大的冒险之所以能赢，一方面基于埃里森对互联网的深刻理解和良好运用，另一方面则在于Oracle对当今世界经济发展规律的判断，对商业模式和人们商业行为内涵的把握。使用Oracle电子商务解决方案，等于为企业聘请了一大批世界级的管理大师和营销大师。小投资大回报，相信每一家企业都乐此不疲。

不知从何时起，"18个月"这个词成了硅谷IT界巨子们最常用的一个词。摩尔定律称"芯片的速度每18个月翻一番"，比尔·盖茨曾说"微软离破产永远只有18个月"，而埃里森则是"永远领先业界18个月"。如果没有这领先的18个月，Oracle早已被埋没在硅谷无情的商战中了。

埃里森处变不惊的处事方式也是Oracle得以在硅谷生存下来的因素之一。1990年，Oracle的股票价格从每股将近30美元一路下跌到了每股5.375美元，公司濒临破产的边缘。然而，埃里森并没有被眼前巨大的困难压倒，而是坚强地站立在那里，并下决心引进专业的管理人才，当他感到自己无法解决公司的难题时，他积极地向外寻求有能力把 Oracle 带上正轨的专业人才，这不仅需要智慧，更需要勇气。置之死地而后生的 Oracle，在埃里森的领导下走出了困境，慢慢步入了一个全新的成长历程。

从 Oracle 目前的发展状况来看，埃里森在 Oracle 的每一个决策都可圈可点，虽然偶有败笔，但埃里森执掌 Oracle 数年来所进行的管理变革无疑是成功的。他带领着 Oracle 完成了电子商务擎旗人的完美蜕变就是最好的明证。

创业课堂

冒险、刺激、挑战，是埃里森生活的主旋律。在他的字典里，“想到就去做，没有什么不可能”是被应用过上万次的座右铭，Oracle 一系列产品的背后体现的便是埃里森的战略与野心。埃里森是传奇的、张扬的、争强好斗的人，同时也充满生机。回顾 Oracle 近四十年的发展历程，我们发现，不论高潮与低谷，这股生机一直贯穿其中。一个没有思想的企业是很难在激烈竞争的当下立足的，而一个没有勇气的企业掌门人则会被提早淹没在历史的浪潮中。

SILICON VALLEY ENTREPRENEURIAL THINKING

第 7 章

做自己最梦想做的事

——谷歌创始人拉里·佩奇的创业思维

“当有伟大的梦想出现时，就一定要抓住它。”谷歌搜索引擎服务（Google）创始人之一的拉里•佩奇是这样说的，也是这样做的。在他身上，有一个“发现梦想成真之路”的故事。23岁时，佩奇曾经做过一个关于把整个互联网下载下来，但仅保存着链接的梦。梦醒之后，他花了很长一段时间把梦中的细节描绘出来，他坚信，他做的并非只是一个梦，其在将来终会实现。虽然当时他还没有想过要打造一个搜索引擎的概念，但这个梦却为谷歌的诞生埋下了种子。

让人们像使用牙刷一样使用谷歌服务

拉里·佩奇曾这样描述他跟伙伴想要做的事："我们想让全世界的人每天都使用两次谷歌服务，就好像早晚刷两次牙一样。"佩奇的大胆设想虽然没有完全实现，但也达到了预期目标。2014年5月，据美国某市场研究公司公布，谷歌已成为全球最具价值的商业品牌。佩奇的远见卓识实在是令人佩服。

和那些白手起家的创始人相比，佩奇算是个幸运儿，他的父母都是密歇根州立大学的计算机教授，在父母的熏陶下，佩奇童年时期就对计算机产生了浓厚的兴趣。1996年，佩奇进入斯坦福大学学习，在攻读计算机理学博士学位期间，他遇到了谢尔盖·布林（Sergey Brin）。从那时起，两个亲密无间的伙伴便开始了他们辉煌的事业之旅。

斯坦福大学精英荟萃、竞争激烈，为了完成自己的博士论文，佩奇在"扼杀"掉十几个都很有趣的想法后，把论文的主题确定为当时正飞速发展的互联网。在写论文的过程中，佩奇查阅了大量计算机和互联网方面的资料，这也对他以后选择的发展方向大有益处。

当然，就像所有的创业者一样，佩奇的开局也并非一帆风顺。在谷歌正式问世之前，佩奇和布林做了很多尝试和准备工作。佩奇在密歇根州立大学做演讲时讲过这样一段话："你们知道午夜时分从一个逼真的梦境中醒来是什么感觉吗？你们知道灵光一现，而床边却没有纸笔，第二天一早就忘个精光又会怎样吗？"

最初，佩奇和布林合作研究了一款名为“BackRub”的搜索引擎，经过两年的完善工作，两人又于 1998 年合作开发谷歌在线搜索引擎。当时市面上已经有几个搜索引擎，但这些搜索引擎都面临着一个难题，就是总会显示不相关的列表。而佩奇和布林开发的这款搜索引擎则彻底改变了这一状况，把关联性大、更有意义的结果凸显出来，并迅速传播给全球的信息搜索者。

和马克·扎克伯格在哈佛大学受到的冷遇不同，佩奇和布林在斯坦福大学成为了传奇人物。看来，他们离运营一家正式的公司不远了。但是，缺乏资金又成了一大难题。为了筹集启动资金，佩奇和布林东奔西走，最终借到了宝贵的 100 万美元。

1998 年 9 月，谷歌在加利福尼亚州正式成立。起初，谷歌只有 3 名员工，半年后增至 8 名。

如今，即使一家很小的公司，员工人数都会超过 8 人，而在当时，这 8 名员工可是谷歌经营下去的中坚力量。谁又会想到，当年 8 个人的小公司今天的员工人数竟达到了 5 万多人呢？

其实，在谷歌成立之前，佩奇和布林曾找到雅虎的创始人之一戴维·菲洛，菲洛对佩奇和布林的想法和技术给予了肯定，他还建议他们建立一家搜索引擎公司以发展独立业务。

从今天的互联网情形来看，搜索引擎不仅是我们工作、生活的助手，还成为了一种娱乐工具。随着雅虎、百度等搜索引擎的相继出现，现代人已经成为“搜一代”，而在 20 世纪末期，那个连计算机都没有普及的年代，佩奇的所有行为都似乎是他梦境的重演。短短两年后，在佩奇的领导下，谷歌便发展成为全球最大的互联网搜索引擎，而雅虎也选择了谷歌作为默认的搜索结果供应商。

看到谷歌羽翼渐丰，那些昔日的网络巨头们开始焦躁不安起来，他们都把研发自己的搜索引擎提上了日程。但为时已晚，谷歌早已站在了搜索引擎的最前沿。但是，佩奇看得很清楚，光靠搜索引擎谷歌不会走得太远，所以，他决定在对手想方设法击败谷歌之前，要疯狂扩张，把自己变成一个体型庞大、无所不能的互联网巨兽。只有这样，搜索引擎巨头的宝座才会坐稳。

不管是刚刚起步的谷歌，还是后来发展壮大的谷歌，面对产品都没有妥协过。阿密特·辛格尔是和谷歌一起成长起来的老员工，他还记得在 2000 年谷歌第一次发布广告时的情景。发布广告的前夜，佩奇不停地在谷歌搜索栏里打各种关键词，一直到很晚。第二天，当员工们走进公司，看到走廊的墙上贴满了佩奇打印出来的搜索结果，他还在每一张纸上有疑问的地方做了注释。这种专注于细节以及对高标准毫不放松的原则就这么被贯穿了十几年。

回顾这些陈年旧事，我们不难发现谷歌如日中天的项目，大多来自佩奇当年颇具前瞻性的判断。Google 的使命是整合全球信息，使人人皆可访问并从中受益，这正是佩奇和布林最初的想法。硅谷人都是梦想家，佩奇也不例外，他的梦想就是，有朝一日，人们能像使用牙刷一样使用谷歌服务。

永不停息，做科技界的巴菲特

说到偶像，佩奇非常佩服股神沃伦·巴菲特（Warren Buffett）。巴菲特，一位极富传奇色彩的股市投资奇才，美国成功集团企业的塑造者，他的一举一动都会影响全球市场的走势。巴菲特的所有投资理念佩奇都熟记于心，他并不局限于拥有一个谷歌，他要做的，是成为科技界的巴菲特。

“那些从一开始便盈利的公司，后期对研发的投入往往会锐减。做自己最熟悉的事情相对来说会容易一些。但是，我的经验告诉我，停止创新，便意味着被他人超越。”佩奇认为，谷歌要想有更加辉煌的未来，就必须创新。

佩奇还认为，创新没有实现商业化便失去了它本来的意义。2004 年 8 月 19 日，谷歌在纳斯达克证券交易所上市。之后，在佩奇和布林激进的领导下，谷歌一直以一种不知疲倦的态度追求创新，对于孜孜不倦的谷歌人来说，似乎在创新上没有极限。

2000 年前后，随着网络泡沫的破灭，无数互联网公司经历了历史上的大动荡，但谷歌的发展并没有受到太大影响。在之后的十几年时间里，谷歌不断推陈出新，先后推出了 Google 新闻、Google 地图、Android 手机 OS 等优秀产品，并且还通过多种方式涉足了 SNS 等互联网服务。

2004 年，谷歌第一次将触角伸向了搜索引擎以外的行业，推出了带有 1000 兆空间的免费邮箱 Gmail。一石激起千层浪，Gmail 一经推出，便给雅虎和微软等互联网巨头造成了巨大压力，尽管雅虎和微软都采取了积极的应对方案，但还是给 Gmail 提供了后起直追的机会。根据美国市场研究公司 ComScore 的数据，在 2013 年，Gmail 在全球的市场份额正式超过了 Hotmail，位居第一。

同是 2004 年，一家名为 Keyhole 的专业制作卫星图像的公司被谷歌收购。次年，谷歌发布了 Google 地图。其提供的地图解决方案重新定义了电子地图，并且在无形中为谷歌搜索带来了更多的流量。两年后，谷歌以 16.5 亿美元的价格收购了由美籍华人陈士骏等人创立的颇有广告价值的视频网站 YouTube。虽然当时很多人并不看好谷歌一连串的收购行为，但事实正好相反，谷歌从中获利颇丰。

佩奇一直希望能打造一款手持计算机，能承载谷歌服务遍及全球每一个人的口袋。事有凑巧，由安迪·鲁宾（Andy Rubin）创立的Android在2005年正欲出售，谷歌顺势将其收购。

Android中文名为安卓，手机控一族对这个名字一定不陌生。它是一种专为手持式装置所设计的操作系统。安卓是一个开放原始码项目，谷歌是第一家使用安卓的公司。当2007年史蒂夫·乔布斯发布了第一代苹果iPhone时，谷歌也向外界展示了安卓的操作系统，并且宣布将建立一个全球性的联盟组织。随后，智能手机时代来临，以苹果为代表的封闭体系和以谷歌为核心的开放安卓阵营两分天下。为此，史蒂夫·乔布斯与拉里·佩奇成了直接竞争对手。

目前，安卓系统已经超越了苹果iOS系统，成为全球最大的智能操作系统，不得不令其竞争对手大为恐慌，当年的乔布斯都直呼“佩服”。

如今的谷歌不仅继续坐享庞大的搜索和广告业务其成，其他业务也遍地开花，而安卓作为承载谷歌移动互联网时代的核心业务，不仅占领了全世界超过80%的智能手机，还正在以构建一个“多屏世界”的目标向各领域蔓延影响力。

自从2011年佩奇重新接管谷歌后，他更加热衷于推动谷歌涉足网络广告以外的领域。据统计，在佩奇重新出任谷歌CEO的三年里，这位毕业于斯坦福大学的工程师在管理企业方面表现出了超凡的才干，他领导谷歌共进行了127笔交易，总额高达176亿美元，其中最大的一笔交易是2011年8月谷歌以总额125亿美元收购摩托罗拉。拉里·佩奇也因此被冠以“收购狂人”的称号。而在2014年，谷歌又以29亿美元把摩托罗拉移动卖给了联想。有人评价，收购摩托罗拉算是谷歌最为失败的一次生意。

虽然收购摩托罗拉看似是一笔失败的交易，但对佩奇来说，每一个决策里都蕴藏着帮助谷歌减轻包袱、继续壮大的机会。

如果开发一款产品是为了挣钱，那么，这款产品永远都不能达到最好。所以，从一开始，佩奇就决心做到最好，而不光是为了赚钱。他说，谷歌的目标很简单，只是要和雅虎、亚马逊或美国在线相提并论，并在搜索市场上拔得头筹。

也许，对佩奇来说，股神巴菲特永远都是不可逾越的，但佩奇却从来没有放弃过追逐这一对象，有了目标，自然有了动力，有了动力，自然会踌躇满志地投入到追逐的行动中去。

佩奇拥有伟大的梦想，这在一家拥有 5 万多名员工、年收入 500 亿美元的商业企业里，实现起来并不容易。但佩奇并非等闲之辈，他一边推动谷歌核心业务在商业上的持续发展，一边以宏大的远见让谷歌保持时代浪尖的姿态，带领着谷歌稳健地走过了搜索时代和移动互联网时代。

并非所有人都认可佩奇，但佩奇对外界的批评并不在意。他说："驱动我做出这些决策的原因很简单——是否对世界产生积极的影响。做股神第二很重要，但最重要的是能否为用户提供方便，让谷歌成为人们生活的一部分。而当人们需要某种产品时，他们就会对这种产品非常忠诚，就如现在的谷歌，它已经成为人们生活的一部分，就好像牙刷一样。"

用气球放飞互联网的梦想

佩奇既有能力，也有热情去钻研任何新兴领域的知识。动力源于他本人的梦想，也源于谷歌的梦想。所以，对于那些无人尝试的创新，佩奇和谷歌总是以最严肃的态度和最饱满的热情投身其中。“Google 气球”最能证明这一点。

在上学期间，佩奇便对卫星通信产生了极大的兴趣，如果没有投身到搜索引擎的互联网领域，佩奇一定会进入通信行业。我们现在大部分的通信都是依靠卫星来实现的，而制造卫星的成本非常高且相当耗时，这两点都是阻碍科技创新的绊脚石。

为了实现曾经的梦想，几年前佩奇开始了自己的研究。搜查资料对于他来说是信手拈来的事，他可以通过自家的搜索平台广查资料。功夫不负有心人，经过无数次的搜索与研究，佩奇终于发现了卫星的可替代品：Google 气球。

有了梦想，有了新的发现，接下来便是执行。他高薪招聘技术人才，成立了 Google 气球项目。他希望谷歌可以通过特殊材料打造一种气球，以取代卫星给我们提供必不可少的互联网服务。

如今的佩奇也算是通信行业的半个专家，能与 Google 气球项目的任何一位工程师侃侃而谈。佩奇对 Google 气球的热爱似乎更有原因，那就是让气球放飞互联网的梦想。

2012 年 4 月，谷歌发布了 Google 眼镜。这是一款与智能手机有相同功能的眼镜。佩戴这种眼镜，你便可以通过声音控制拍照、视频通话和辨明方向，甚至可以上网冲浪、处理文字信息和电子邮件等。在一次谈到谷歌眼镜时，佩奇表示：“我很喜欢使用自己公司开发出来的谷歌眼镜，每次戴上它看这个世界，我都感觉自己生活在遥远的未来，这种感觉太奇妙了，会让我非常兴奋。”

这种场景我们是不是曾在科技大片中看到过？不要以为它只能出现在电影里，在佩奇看来，不久的将来这种场景将走向现实。一百年前，谁又能想到今天的人们会通过一种叫 Internet 的东西联系在一起呢？梦想并不难实现，只要执著，讲究方法，万事皆有可能。

Google 眼镜上的应用虽然还很有限，但一些专家认为，Google 眼镜的未来值得畅想，“Google 眼镜将为用户开启一个全新的个性化时代”。不管 Google 眼镜将来能否有新的突破，我们都不得不佩服佩奇的勇气与魄力。佩奇说：“如果你认为技术是静止不前的，那你就大错特错了，这只能说明你是一个外行。”很明显，Google 已做好了打“持久战”的心理准备。

从创立谷歌那一天起，佩奇就在努力打造一个敢想敢做、目光长远的叛逆者形象。在他的主导下，谷歌成功实现了一批难以置信的疯狂创意，其中就包括无人驾驶汽车的构想。当别人还在为无人驾驶汽车的可操作性充满疑虑时，佩奇已经带领他的工程师制定了几种可行的方案。这一点，佩奇永远走在其他人的前列。

2012 年，佩奇就曾派了一辆无人驾驶的雷克萨斯去 20 英里外接前来谷歌造访的广告大亨马丁•索瑞尔（Martin Sorrell）。仅靠雷达、传感器和一个每秒扫描 150 多万次的激光扫描仪来辅助控制的这款无人驾驶的汽车让索瑞尔发出感叹：“太不可思议了！”

佩奇总是能提出各种稀奇古怪的创意，更为难能可贵的是，他总能以高效务实的风格来落实他的种种设想。有人说谷歌的无人驾驶汽车只是佩奇的一时兴起，其实不然，佩奇绝非玩玩而已，他坚信，无人驾驶汽车将在未来正式上路。

创业课堂

梦想能够给人带来更持久的创业动力。如果有可能，一个人做自己梦想做的事，是最幸运的。每个人都有梦想，只有把梦想当成一种习惯去培养，梦想才能成真；而一味地做梦，便只能是异想天开。“先行者”谷歌的发展历程，正是过去十余年里互联网搜索引擎发展的一个缩影。原本是拉里•佩奇的一个梦想，而当他把这个梦想当成一种习惯去培养时，梦想便发生了本质的变化。突破性的创意就在身边，只是我们大多数人不去冒险尝试。佩奇积极推动和鼓励谷歌员工进行冒险的开发活动，结果可想而知，这些收获最终成为谷歌炙手可热的新产品。很多刚开始创业的人，两手空空，什么都没有，但是他们有梦想，有梦而后才会造梦，造梦而后才能梦想成真，不论世界如何变换，这个规则都是不变的。

SILICON VALLEY ENTREPRENEURIAL THINKING

第8章

抓住共享经济模式带来的新机遇

——Airbnb 创始人布莱恩·切斯基的创业思维

很多常去世界各地旅游的人都知道 Airbnb，Airbnb 网站是全球大型在线租赁市场之一，它将全世界在假日出租房子的普通家庭排列出来以供游客租用。正如《财富》杂志报道的那样，Airbnb 公司创始人布莱恩 • 切斯基（Brian Chesky）在很多方面都独树一帜，是一个追赶机遇的人。在硅谷的风险资本家们看来，在“新手”CEO 时代，切斯基是非常具有代表性的人物，他正是那种交游广阔的创业者中的一员。

白手起家，从三张床垫起步

2013年，距离Airbnb创立只有短短的5年，但公司却实现了约2.5亿美元的营业收入；2014年，Airbnb创立的第6年，其迎来了价值4亿美元的新一轮融资，这使得Airbnb公司估值达到了100亿美元。与此同时，布莱恩·切斯基、乔·基比亚、内森·布莱卡斯亚克三位联合创始人也因此跻身于亿万富豪俱乐部。不要艳羡他们的成功，他们都是白手起家，最初的资本只有三张床垫。

当布莱恩·切斯基还在罗德岛设计学院学习时，便表现出了超凡的领导潜力，他当上了学校冰球队的队长，还被选为毕业典礼的演讲人。也正是在这时候，切斯基认识了他后来的搭档——乔·基比亚，基比亚也是罗德岛设计学院的学生，而且他和切斯基学的都是工业设计专业。在学校里，切斯基和基比亚因为有共同的兴趣爱好，几乎形影不离。大学毕业后，二人虽然都找到了安逸的工作，但都与自己理想中的相差甚远。于是，在工作了两年后，切斯基和基比亚双双辞职，准备开创属于他们自己的事业。虽然有雄心壮志，但切斯基后来曾直言不讳地说："具体要做些什么，我们心中还没有一个概念。"

2008年初，切斯基和基比亚从洛杉矶来到了旧金山。旧金山是硅谷重要的组成部分之一。在短短的十几年内，硅谷出了无数的科技富豪，切斯基和基比亚也想在旧金山淘得自己的第一桶金。

现实是残酷的。切斯基和基比亚怀揣满满的热情想大干一场，却发现连房租都付不起，为了节省开支，两个年轻人不得不合租。虽然生活艰难，但离给他们带来人生转折的机遇越来越近了。

来到旧金山的第一个周末，美国工业设计师协会在这里召开会议。由于切斯基和基比亚学的都是工业设计专业，因此他们对这次工业设计会议格外关注。

一天，切斯基和往常一样打开计算机浏览网页，一则所有酒店几乎客满的消息映入他的眼帘。他突发奇想，如果能给前来参加大会的设计师们提供床位住宿和早餐，一定能狠赚一笔。他兴奋地把他的想法说给基比亚听。基比亚觉得这个主意不错，他们急需赚一些零花钱来维持日常生活。

办法虽好，可实施起来却有些困难。在他们租来的房屋里，连一件像样的家具也没有，满屋子都是两个人带过来的衣物、简易衣橱等生活用品，哪里有空置的床位呢？环视了屋子一周，基比亚开始有些丧气了。切斯基朝他喊道："喂，咱们还有出路，衣橱里不是有三张充气式的床垫吗？我们虽然没条件出租床位，但可以出租床垫啊！"

基比亚以为切斯基是在开玩笑，谁知道，切斯基真的采取了行动。为了生计，他们也只能放手一搏。

切斯基以最短的时间将出租充气床垫的信息发布到网上。虽然环境简陋，但因为酒店床位紧缺，很快就有三个人前来入住。人数虽少，但切斯基和基比亚还是高兴得有些忘乎所以，至少，他们通过这种方式挣钱的想法是行得通的。一周后，设计师大会结束时，他们赚到了交房租的钱。

"我们的初衷只是想挣点钱，以支付基本的生活费用，我们根本没有意识到自己正投身到一种新型经济模式中去。"工业设计会议结束后，切斯基和基比亚又回到了生活窘困的初始状态，他们根本没有将出租充气床垫的经历看作是一门生意，而是在不断寻找着新的商机。

切斯基每天都早出晚归，出门的时候雄心勃勃，回来时却一无所获。眼看又快到交房租的日子了，他们别无选择，只好再次将闲置的物品放到网上出租。这次，他们终于看到了出租闲置物品这种服务的巨大市场。

想法虽然有了，但技术却还欠缺。为了增强技术实力，两位设计专业出身，无创业经验、无原始资金和无市场资源的“三无男”，找到了基比亚以前的室友内森·布莱卡斯亚克。

布莱卡斯亚克毕业于哈佛大学，和大多数生活在硅谷的“IT宅男”一样，是个有天赋的程序员，他和马克·扎克伯格是同系校友，但和扎克伯格的选择不同，布莱卡斯亚克没有找技术人士共谋大业，而是被当时穷困潦倒的切斯基和基比亚“忽悠”了一把：“他们告诉我，他们的创业计划叫‘气垫床和早餐（Air bed and Breakfast）’，旨在将地球上的空余房间或房子出租出去。”布莱卡斯亚克当时虽然有着一份不错的工作，但他并不开心。那是一家软件公司，他每天只需要工作半天，其他时间便只能百无聊赖地在互联网中度过。

每一家企业初创时都是步履维艰的，Airbnb也不例外。没有创业资金，三人便担起了所有的工作。切斯基和基比亚负责设计，布莱卡斯亚克则一个人揽下所有编码工作，他们的关系，就像左脑和右脑的结合，以及艺术和科学的结合。

经过半年的努力，三人终于建立了一个名为Airbedandbreakfast.com的点对点式向旅游者提供房屋的在线租赁网站，缩写为“Airbnb.com”，中文译名“空中食宿”。2008年8月，Airbnb正式上线了。

三个月后，受金融危机的影响，Airbnb的生意相当惨淡。为生活所迫，三人不得不尝试着把Airbnb的业务拿到美国大选期间兜售，并卖起了盒装早餐麦片。其间的艰辛，只有他们自己知道。

Airbnb不是一家科技公司吗？怎么与麦片扯上了关系？原来，当时正值美国大选，为了能使Airbnb维持下去，三位合伙人把竞选人的漫画印到麦片圈的外包装上，分别卖给民主党与共和党的支持者。因为竞选人的支持者众多，这种麦片非常畅销，甚至曾一度脱销。

这一新奇的商业策略给硅谷热门创业孵化项目Y Combinator创业营的联合创始人保罗·格雷厄姆留下了深刻的印象，格雷厄姆曾说："我们曾对Airbnb的运营模式存有疑虑，但对三位创始人却颇有好感，他们这种争强好胜、不轻言放弃的精神正是初创企业家必须具备的。"

美国大选结束后，三人竟出乎意料地净赚了37 000美元，这笔钱在很大程度上缓解了公司内部的"金融危机"，成为了Airbnb公司初创时期的"种子资金"。

新鲜的想法＋新奇的模式

Airbnb的初衷非常简单，就是让身处异地的租客能够找到地方住，但这个地方不是传统的旅馆或酒店。其业务模式也十分清晰：有空房子的人可以在网站上发布信息，让那些不想找酒店住的租客们能够上网查找到合适的食宿，并进行在线付费和实地入住交易。

对于现在的人们来说，切斯基当初的想法和模式是极易接受的，根本算不上新奇事物，而在当时，就是这么一个简单的创意理念，却遭到所有投资人的拒绝。在他们看来，Airbnb的三位创始人就是疯子，是那么的"愚蠢"，谁出门旅行会租住陌生人家里的房子，而不去住旅馆呢？而且，有谁愿意让一个陌生人住进家里的空房间呢？除了三位创始人，似乎所有的人都认为这是一项不靠谱的事业。

其实，人们的疑虑也是有道理的，出于对安全、隐私等问题的考虑，人们大多不愿意让陌生人住进自己家里，同样的，游客也不愿意住进一个陌生人的家里。但世界之大，无奇不有，总是有喜欢第一个吃螃蟹的人。随后，交易量逐渐上升。

为了吸引更多的出租人，2009 年，三位创始人专程到纽约与当地的用户进行沟通，并征求房主和租客的意见，以更好地改进 Airbnb 网站的各项服务。

如果说最初 Airbnb 想做的事情类似于沙发、床垫这样的廉价住宿服务，那么，从 2009 年下半年开始，切斯基和基比亚就开始利用他们最擅长的能力——设计，把 Airbnb 向高一层推进了一步。

切斯基花费 5000 美元租了一台摄像机，专门为那些准备出租的房间拍照，这些经过巧妙构图的照片对租客有着很强的吸引力，拍过照的房间预定量上升了两三倍。受到鼓舞后，切斯基决定免费为房主提供出租房间的专业拍照服务，这一服务政策一直保留到现在。

房间是 Airbnb 的核心产品，对产品进行包装，这种观念上的转折彻底推动了 Airbnb 由玩票式的公司向一个专业的线上旅行住宿公司转变。

私家闲置的空房间要比酒店更便宜，对于那些不太富有的人来说，在外旅游已经很奢侈了，如果能从食宿上省下一笔，当然是求之不得的；而对于房主来说，用空闲的房间换取一些额外收入，又何乐而不为呢？

满足了房主和租客的基本需求后，Airbnb 的生意越来越好，不仅有人发布普通的房间，甚至有人将别墅、村庄、城堡也发布到网站上。在 Airbnb 上，可以直接寻找、付费和完成交易。

每一个新生事物都有它的蛰伏期和成长期，Airbnb在经历一段时间的艰难起步后，终于迎来了曙光。在社交网络和公司互联网营销的双重推动下，时尚前卫的旅游住宿方式逐渐被认可并盛行起来，Airbnb网站的空中食宿服务延伸出了更大的价值。

Airbnb以迅猛的业绩成长引来风投公司“红杉资本”的注意，2009年伊始，切斯基及其团队获得了红杉60万美元的资助。有了资金，切斯基便如鱼得水，在他的带领下，其他两位合伙人和Airbnb的全体员工都全身心地投入到Airbnb网站上，Airbnb红红火火走上了康庄大道。

有人认为，Airbnb看似充当了房主和租客的媒介。的确，Airbnb采取的正是一种经纪人的盈利模式，Airbnb提供市场、支付处理和出租人保险（价值100万美元）等服务，以此向房主和租客收取相应份额的佣金。

但是，上面的种种都必须是建立在互联网高速发展的基础之上，切斯基正是抓住了这一机遇，Airbnb才得以迅速发展，而且这种商业模式也被广泛复制。例如，用户在承租业务前还可以在Facebook上查看房主的个人资料，从而提高商业信任度……

很快，Airbnb便实现了盈利。这时，Airbnb俨然成了全世界的“网上购物市场”。2010年，Airbnb被评为全球10大网站商业模式之一。这一年，Airbnb开始风靡全世界，服务预订量达到了75万人次。

2011年，Airbnb从红杉资本、格雷洛克风投公司、安德森•霍洛维茨基金等处获得了1.12亿美元的融资。此时，那些曾不看好Airbnb的投资人都开始认为“Airbnb潜力无限”。2014年，Airbnb迎来了价值4亿美元的新一轮融资，这一曾看起来不靠谱的家庭式短租业务，从最初的三张床垫和三个租客，经历七年“蜕变”，已经成就了市值超过100亿美元的短期租赁互联网企业。

如果大家认为 Airbnb 仅靠“一个点子 + 创建网站”就能坐收财富，那就大错特错了，“不可否认，我们最初的创意的确让人觉得不太靠谱，但我们确实已经尽了最大努力，而且是毫无办法，因为那时的我们太缺钱了！还好，‘缺钱’让我们的决心变得比以前更加坚定，而不敢有一丝一毫地偏离理念。就这样我们坚持下来，并且时刻提醒自己要做到最好。当你口袋里没有足够的钱时，你就不会有太多的战略，这时你必须专注在一个战略上，对我们来说，则是必须创建租客真正想要的东西。”切斯基如是说。

背起行囊去“流浪”

切斯基有一串让人匪夷所思的称谓，“流浪的 CEO”“首席流浪官”“史上最牛流浪客”等，这些称谓并不是说切斯基真的是去流浪，这里的流浪是指走出家门，去和房主们进行交流和沟通，以找到他们真正需要提供的服务。

Airbnb 创立之初，为了节省开支，办公地点设在一处公寓中，设备占据了整个卧室，切斯基和基比亚则拎着一个行李箱四处为家。每到一个地方，切斯基便会在 Airbnb 上租一间房子，亲身体验入住后的感受。他们因此得出了一个结论：如果 CEO 能够站在客户的角度经常体验自己公司的产品或服务，那么，这家公司一定能够创造出伟大的产品。

切斯基还要求 Airbnb 团队的每一位成员都要以普通租客身份，频繁地深入体验和使用 Airbnb 所提供的各种业务。只有亲身体验过，才会有更多的发现，从更深层面和角度来讲，才会延伸并创造商业模式的新领域和新价值。

Airbnb 在创立之初加入了社交元素，坚守要从“有血有肉的人那里租房”

的理念，让租客有“不在家中，胜似家中”的感觉。在切斯基和他的团队的努力下，Airbnb 也的确给租客营造了家的氛围。

也许没有哪一位企业的 CEO 能像切斯基这样经常在外“流浪”。有一年，切斯基连续九个月通过 Airbnb 租住各种房间，每隔几天便更换一个住处。对自己的这一行为他这样解释：“你可以认为我是一个流浪汉，也可以认为我在旧金山有数百个家。”切斯基从不畏惧雨雪风寒，他喜欢走出家门，和越来越多的房主交流，了解他们真正的需求。“Airbnb 是切切实实的，从每一个城市，每一个街区，每一家屋主，一步一步走出来的。”Airbnb 的其他两位创始人也很乐于倾听市场的声音并予以改善，布莱卡斯亚克在 Airbnb 发展壮大之后，依然愿意把自己的房子挂在网上出租，他有一套两层公寓，这里经常有租客光顾，而租客入住后会惊讶地发现，房主竟然是这家日租网的创始人。

后来，Airbnb 在全球各地设立办公室。切斯基再也不用自己背着相机去房主家拍照了，而是在世界各地雇用自由摄影师去当地登记的房源拍照，并验证房源的真实性。如今，Airbnb 有约 2000 名签约摄影师散布在世界各地，而 Airbnb 会为每一张照片付钱，这也是租客们之所以信任 Airbnb 的主要原因。

随着 Airbnb 的飞速发展，在伦敦奥运会举办之前，Airbnb 成功收购了英国一家竞争对手，这也使得 Airbnb 的规模更加壮大。如今，无论你想出游还是举办一个生日派对，都能够通过 Airbnb 找到房源。Airbnb 的成功在于，它开创了一种新的商业模式——分享经济，闲置的房产、汽车甚至时间，都可以在网上租售。租客只需要一台计算机和一张信用卡，就能承租到遍布世界一百多个国家及众多城市的住处，既帮助房主获得了收入，又帮助旅行者节省了开支。

2011年夏季，Airbnb遭遇了发展史上最严重的信任危机，一名通过Airbnb租出房子的旧金山房主抱怨，当天入住的一位租客将自己的房子大肆破坏，而且盗窃了房内值钱的东西。由于是第一次出现这种情况，切斯基和Airbnb都显得手忙脚乱，未能及时作出善后处理，更没能在第一时间予以正面回应。此事一出，在当地闹得沸沸扬扬。

对于如何处理此事，Airbnb内部有不同的意见。有人建议说出真相，有人则认为公司应该彻底保持沉默……延宕了数周之久，切斯基认为他需要为此事向那位房主道歉，尽管这样做可能会给Airbnb带来不可估量的损失。

每一次成长都是需要付出代价的，人如此，企业也如此。2012年，Airbnb创立了专门处理客户投诉的信任与安全部门，加强了租房监管功能，随后还推出了一系列的新政策，如客户服务和保险业务等。

2013年，Airbnb又推出了一项新业务，此项业务一经推出便引起了业界的一片哗然。到底是怎样的一项业务呢？原来，这项新业务便是租赁整个村庄。例如，租客想到奥地利某个美丽的村庄租住一晚，那么他需要支付6.5万美元的租金；如果他想租到德国的某个酒庄，且与当地居民共度一个良宵，他则需要支付5万美元的租金……

随着公司知名度不断提高，切斯基越来越感到力不从心，于是，他开始拜访一些知名的企业家，如亚马逊的杰夫•贝佐斯、Facebook的马克•扎克伯格、eBay的约翰•多纳霍等。切斯基在拜访迪士尼CEO鲍伯•艾格和Salesforce公司创始人马克•贝尼奥夫时，会向他们询问如何推动高管团队做更多的工作，并从Facebook的谢丽尔•桑德伯格那里学到了向海外有效扩张的窍门。学习各种真知灼见是切斯基管理风格的关键组成部分，他想通过学习更好地服务于客户。

2014年夏季，Airbnb官方更新了一篇名为“家在四方”的博文，在文章中，Airbnb为用户提供归属感、形成四海一家的价值观得到了充分的体现。明眼人不难看出，Airbnb正试图通过本地化来与传统酒店业的标准化竞争。在今天Airbnb的网站上，依照“价格实惠”“居家体验”“特色奇居”“融入当地”将房屋分成了四类，其中后三类都是在通过一定手段来实现“价格昂贵”的同时，为房主和租客提供与众不同的服务。

从创业之初，Airbnb就坚持“一切围绕租客至上”的服务理念做价值延伸，专注团队体验。在Airbnb，有半数员工环游过欧洲，每隔几个月，Airbnb还会组织一次大型集体旅行，这些都构成了Airbnb的特色文化和成功因子。“流浪的CEO”切斯基真的是名副其实。

创业课堂

随着互联网科技的发展，任何信息都可能达到共享，但如果不善于把握机会，便只能让他人牵着鼻子走，切斯基正是抓住了这一机遇，适时推出Airbnb才获得了成功。虽然创业初期举步维艰，但切斯基相信这条路才是他们一直要走的路，他深信YC孵化器创始人格雷厄姆说的那句话：“拥有100个热爱你的人，胜过拥有100万个对你有点好感的人。”为了更好地服务客户，他和员工都定期体验公司的各项服务，寻找可能存在的缺陷或不足，积极解决创业过程中遇到的各种难题。切斯基这种创业初期遇到困难不退缩、成功后主动解决问题的态度，是值得所有创业者认真思考和学习的。

SILICON VALLEY ENTREPRENEURIAL THINKING

第9章

用智慧化解创始人之间的矛盾

——Snapchat 创始人埃文·斯皮格尔的创业思维

除了马克·扎克伯格，你知道世界上年轻的亿万富豪还有谁吗？2014 年，一位叫埃文·斯皮格尔（Evan Spiegel）的年轻人获得世界最年轻亿万富豪的宝座。埃文·斯皮格尔是一位 90 后，他创立的“阅后即焚”式 App Snapchat 在全球青少年市场产生了强大的号召力，已经成长为美国年轻人普遍使用的一款手机软件，且市场前景非常广阔。

不安分的富二代

你了解 Snapchat 吗？它是这样一款聊天软件：某人发送给你的照片、视频、文本等会在你浏览后 10 秒钟内自动删除，不留痕迹，如果你截屏保存，给你发送信息的那个人一定会知道。

这种软件到底有什么用呢？举个例子你便会明白。如果你和恋人想发一些悄悄话和一些亲密的照片，安装这款软件后，即使手机丢了也不怕被人发现你们聊天的内容。这种独特的分享方式深受年轻用户的喜爱，因为他们非常注重个人隐私。

斯皮格尔出生于 1990 年，父母都是当地小有名气的律师。在读小学时，斯皮格尔便是个计算机迷，经常沉醉于技术的世界里，六年级时，他有了自己的第一台计算机。

斯皮格尔是个典型的富二代，他花钱凶狠，银行账户常常处于透支状态。17 岁那年，他就向父亲提出了要买豪车的要求。当时，父亲每个星期都会向斯皮格尔提供 250 美元的零花钱，但这根本不够斯皮格尔的花销，他甚至一个星期就会花费近 4000 美元，其中有一半是用于洗车、餐饮、衣物等日常花销。

由于家境殷实，斯皮格尔从小就游历过很多地方。不过，他并非纨绔子弟，而是经常从事很多志愿工作，是一个适应力强、野心勃勃、和蔼可亲的年轻人。

中学毕业后，斯皮格尔顺利进入斯坦福大学。2013 年 4 月，斯皮格尔参加了斯坦福商界女性大会，在大会上，他讲了这样一段话："斯坦福的历史早已被深深打上了创业的烙印。在斯坦福，这样的故事总是不绝于耳——一个满怀激情的男生退学去追求自己的梦想，几经起伏之后，他拒绝选择平庸。斯坦福的整个文化中都渗透着这种浪漫的商业童话。在斯坦福学习期间，我领略到了创业的魅力，此后，我也一直尽力把生活与工作结合起来。与积累财富相比，我的梦想更伟大，只有通过融入消费社会和创办企业才能实现这一梦想。"

事实上，虽然在外人看来斯皮格尔这个富二代有些桀骜不驯，甚至"负评如潮"，但他早在入读斯坦福大学之前就开始规划自己的创业蓝图了。

15 岁时，斯皮格尔就在校报 *Crossfire* 学习如何成为一名优秀的记者。完成课程之前，*Crossfire* 需要学生们卖出一定数量的广告。斯皮格尔和其他实习学生不得不走上街头挨家挨户地去推销，希望得到本地商家的支持。当时，斯皮格尔不仅超过了 *Crossfire* 为他定下的销售目标，还帮助其他学生，教他们怎样去与他人打交道。

高三时，斯皮格尔打算到红牛工作，他曾这样描述自己的那段经历："我喜欢红牛这个品牌，喜欢那种生活方式，这使我没有办法离开这款饮料，并下决心要加入这家公司。"经过一番周折，斯皮格尔如愿以偿，得到了在红牛"无薪实习"的机会。那段无薪实习经历让他学会了如何进行市场营销，他还参与了很多计算机和图形设计项目。

进入斯坦福大学后，斯皮格尔的兴趣很快发生了转移：他在一家生物医学公司实习，后来，他又想成为一名教师……反反复复之后，他依然不知道自己的目标是什么。

真正令斯皮格尔对创业和科技感兴趣，是在他偶遇 Intuit 的创始人斯科特•库克（Scott Cook）之后。当时，他去斯坦福大学商学院听课，碰巧遇到了斯科特•库克。斯皮格尔是善于把握机会的人，他马上请求库克给他一份工作。看着眼前这个高高瘦瘦的年轻人，库克被他的热情打动了，答应了他的请求。之后，斯皮格尔便与一名工程师参与到一项名为 TxtWeb 的项目中。这个项目的目标是通过互联网获取信息，然后将这些信息通过短信的方式发送给印度当地不能使用网络的人。

2010 年，读大二的斯皮格尔住宿舍时认识了他后来的合作伙伴——鲍比•墨菲（Bobby Murphy）。当时的墨菲是数学和计算机科学专业的大四学生。斯皮格尔是一个活泼健谈的人，而墨菲则是一个沉默寡言的人．两个性格不同的年轻人就这样走到了一起。

虽然斯皮格尔在不同的公司不断地实习着，但他骨子里却不愿意为别人打工，他想自己创业。2010 年夏天，他和墨菲开发了一套旨在帮助父母、中学生和指导老师管理大学申请的在线软件，他们把这款软件取名为 Future Freshman，不过这一软件在当时只有几个用户。正当斯皮格尔和墨菲两人无比沮丧时，命运之神向他们打开了一扇通往成功的大门。

当时，一位名叫雷基•布朗的同学满面愁容地走进斯皮格尔的宿舍说："我真不应该把那张照片发给我的朋友，我希望有款软件可以使发送出去的照片自动消失。"说者无意，听者有心。斯皮格尔脑中灵光一闪："如果真的有一款应用软件可以使发出的照片自动消失那该多好啊！"

正是布朗的一句话，推开了斯皮格尔的幸运之门。那天，斯皮格尔变得"异常兴奋"，整个晚上，他和布朗都在着手寻找开发人员，他觉得，之前和他合作过的墨菲是最为合适的人选。当时墨菲刚刚毕业，欣然接受了邀请，加入到这个创业团队中。

最初，三人的角色分工非常明确：斯皮格尔担任CEO；计算机科学专业的墨菲担任首席技术官；英语专业的布朗则负责营销工作，担任首席营销官。2011年4月，斯皮格尔在斯坦福大学的产品设计课上对这一创意进行了进一步的完善。布朗为这款应用取了个名字——Picaboo。Picaboo的第一代产品有些笨拙，它要求用户上传照片并在发送前设定自动销毁的时间，即所有照片都有一个1到10秒的生命期，用户把照片发送给好友后，这些照片会根据用户所预先设定的时间自动销毁。

2011年7月，Picaboo的第一个版本登陆苹果手机应用商店，但反响却出乎斯皮格尔三人的意料：没有他们想象中的受欢迎，他们是多么希望Instagram的神话能在他们身上重现啊！Instagram上线首日的下载量便达到了2.5万，而Picaboo的这款应用在那个夏天快结束时也才只有127名用户。这期间，有用户提出了一个Picaboo的致命缺陷：接收方通过屏幕截图，可以把即将消失的照片保存下来。为了尽快解决这一问题，三个人不得不废寝忘食地工作。最后，他们终于找到了解决办法：当对方截屏时，发送方会收到提示。

斯皮格尔曾向诸多风险投资者推介Picaboo的创意，但那些风投者对此很不理解："为什么要把发送的照片自动销毁呢？"

虽然这款软件最初并没有引起足够的关注，但"阅后即焚"的功能还是很快为Picaboo赢得了人气，当然，这些人气大多来自于年轻人。

巧妙处理与创业搭档的纠纷

一般来说，初创公司的联合创始人都是经过双方甄选过的，大多是志同道合的，很少会在企业初创时分崩离析，但Snapchat却是个例外，公司成立不久，布朗就与其他两位创始人出现了矛盾，且很快离开了Snapchat。

如果严格追究的话，“阅后即焚”的创意的确来自雷基•布朗。正是那句“我希望有款软件可以使发送出去的照片自动消失”打开了斯皮格尔的创业思维。但当这一创意变成现实时，结果却并非想象中的完美，127名用户根本不能维持Snapchat的正常运转，甚至连三个人的日常生活开支都不能解决。为此，墨菲的父母建议儿子找一份正经的工作。无奈之下，斯皮格尔也决定重组团队。据布朗说，他无意中听到了斯皮格尔和墨菲的谈话，谈话内容大体是想找人代替布朗。那么，到底是什么原因使三位合伙人出现了如此严重的矛盾呢？

最重要的是股权分配问题。布朗曾在电话中向两位创业伙伴提出自己的想法，并把自己对Snapchat的贡献罗列出来，如创意来源、Picaboo这个名称、软件幽灵标志等，以此想获得公司30%的股权。但斯皮格尔和墨菲并不认同布朗的说法，他们认为布朗不应该占有如此高的股权。激烈的争吵之后，斯皮格尔愤怒地挂断了电话，并在征得墨菲的同意后修改了Picaboo管理员的密码，除了几封言辞激烈的邮件，双方几乎没有了任何联系。布朗在Picaboo面市前一个月退出了Snapchat。

Picaboo接下来由斯皮格尔和墨菲共同运营。不久，一个和Picaboo同名的公司给斯皮格尔发来了名称终止函，意思是Picaboo侵犯了他们公司的署名权，为了减少不必要的麻烦，斯皮格尔不得不将Picaboo重新命名，Snapchat这一名称被正式使用。

但是，命运似乎有意在捉弄斯皮格尔和墨菲，Snapchat一波三折，也没能逃脱当年Future Freshman的命运。为了生计考虑，斯皮格尔决定回到斯坦福大学完成他的学业，墨菲则找到了一份不错的编程工作。

任何一种坏运气都有结束的一天。如果你还依然感觉自己倒霉透顶，不必着急，总会过去的，只要你再坚持一下。

2011 年秋天，Snapchat 出现了转机，用户人数由夏天的 127 名增加到近 1000 名。相对于其他已经成型的应用软件来说，也许这一数字只是九牛一毛，但对于斯皮格尔和墨菲来说，却是他们希望的曙光。次年 1 月，用户激增到 2 万人；两个月后，达到了 10 万人。Snapchat 终于走出了低谷时期。

随着用户人数的增多，服务器的维护费用也不断升高，对于快弹尽粮绝的二人来说，引进外援迫在眉睫。

光速创投合伙人杰里米•刘是第一个给 Snapchat 雪中送炭的人，向其投了 48.5 万美元。当这笔钱到账时，斯皮格尔正在斯坦福大学的一间教室里听着机械修理课，他再也坐不住了，激动地走出教室，从斯坦福退了学，这时，离他大学毕业仅剩几个星期的时间。

正如斯皮格尔所说，生活并不公平，但他是幸运的。

正值 Snapchat 不断发展壮大之时，之前的合伙人雷基•布朗却于 2013 年 2 月提起诉讼，要求获得 Snapchat 公司三分之一的股权，外加惩罚性赔偿。2014 年 9 月，在言辞激烈地否认指控一年多之后，斯皮格尔和墨菲终于承认，该产品不是他们两个人的创意，布朗的确有份参与。不久后，Snapchat 发表了一份声明，宣布已经与布朗达成和解。

这份声明称：“在斯坦福大学读书时，布朗就想出了一个绝好的创意，即研发一款能令发送的信息和图片消失的应用。随后，在 Snapchat 的早期形成阶段，布朗与斯皮格尔和墨菲一道开发了这款应用。”至于具体的和解协议，Snapchat 并未透露。但从斯皮格尔和布朗的言语中不难看出，双方对和解的结果都很满意。

斯皮格尔虽然只有二十出头，但他的智慧绝不比那些在商海中摸爬滚打的经验老道的创始人低，他选择在苹果举行产品发布会后公布 Snapchat 的和解声明。有关新产品的消息是当仁不让的头条，尤其是苹果这样一家备受瞩目的公司。Snapchat 希望其和解声明不过多地被人注意，斯皮格尔希望淡化处理此事。毕竟，这并非是一件光彩的事。

与马克·扎克伯格的对弈

2012 年底，斯皮格尔收到了一封来自 Facebook 创始人马克·扎克伯格的邮件，邮件的大致意思是希望斯皮格尔能到位于加利福尼亚州的 Facebook 办公园来一趟，彼此认识一下。

能收到扎克伯格的邀请是很多业内人的希望，斯皮格尔也不例外，但他的特立独行却使他做出了一件让人匪夷所思的事情，他给扎克伯格写了一封回信："我很愿意与你见面……但前提是你先来见我。"

这个年轻人好大的口气！但扎克伯格并没有因此而生气，反而飞到洛杉矶与这个别人眼中的"熊孩子"进行了秘密会谈。

为什么扎克伯格如此看重这个有些狂妄的只有 22 岁的年轻人呢？其实，斯皮格尔与扎克伯格有很多相似之处，他们都是大学里的肄业生，都是在大学里便开始创业，而且他们都跟一起创业的大学好友打过官司……尤其值得一提的是，在扎克伯格眼中，Snapchat 的发展前景是非常广阔的。

扎克伯格早已想好了一套说服斯皮格尔和墨菲的理由，试图打击两人对 Snapchat 的发展愿景。他还现场演示了 Facebook 的新产品 Poke，Poke 也是一款分享照片的移动应用，同样可以在预定的时间内自动销毁照片。这款产品是由扎克伯格亲自参与编写的程序，只用了 12 天便开发出来，由此可见，扎克伯格是多么看好“阅后即焚”功能。

其实，扎克伯格此次的目的是要给 Snapchat 一个下马威，这等于向斯皮格尔宣布：“我们要正式向你们开战了，除非你们接受我们的收购。”

自信满满的斯皮格尔默默地回到办公室，其他几位员工以为他会就此认输，但他接下来的举动让所有人目瞪口呆。他为公司里的几位员工每人订购了一本《孙子兵法》。通过研究这本中国的兵书，斯皮格尔做出了决定：坚决不卖 Snapchat，因为他的目标是打败现有的社交媒体巨头。

Poke 于 2012 年 12 月 21 日正式上线，互联网巨头 Facebook 与初创小公司 Snapchat 之间的战役正式打响。当天，扎克伯格还不忘给斯皮格尔发去邮件，向他炫耀那一刻的成就。斯皮格尔则发现，Poke 简直就是 Snapchat 的一个翻版。Poke 上线后的第二天，就登上了苹果手机应用商店下载排行榜的榜首，正当扎克伯格以为击败了斯皮格尔时，事情却发生了 360 度的逆转。三天后，Poke 跌出了排行榜单的前 30 名，而 Snapchat 则重夺头名，扎克伯格的如意算盘落空了。

2013 年秋天，在直接交锋中没有占到便宜的扎克伯格又一次向斯皮格尔表达了收购 Snapchat 的意向，这次他开出了 30 亿美元的高价，而当时，Snapchat 只不过是一家刚创立两年且还没有实现营收的应用软件公司。为什么扎克伯格三番两次地想收购 Snapchat 呢？虽然扎克伯格拒绝就此发表评论，但表面上看，Snapchat 确实给 Facebook 带来了威胁。

威胁之一：Snapchat 被冠以“年轻”“酷”等头衔，在年轻人眼中，移动设备就像父辈眼中的黑白电视机，而他们是移动先行的“应用一代”，从这一点来看，Snapchat 更能网罗年轻人的心。

威胁之二：Snapchat 更具私密性和排他性。用户虽然能通过 Facebook 在人海中找到熟人，但 Snapchat 却能从人海中精准挑选出与用户有话可聊的人。

威胁之三：父母可以利用 Facebook 来监控子女，而子女却可以通过安装 Snapchat 来摆脱父母的监控。

正是因为 Snapchat 对 Facebook 造成了威胁，扎克伯格才会想尽各种办法打击或收购 Snapchat。但斯皮格尔是个头脑清醒的年轻人，他再次拒绝了扎克伯格。其实，除了扎克伯格，硅谷的多家风投也对 Snapchat 趋之若鹜，如谷歌以超出 Facebook 给出的价格表示了收购意向，却也遭到了斯皮格尔的拒绝。

斯皮格尔有他自己的打算，他想利用 2013 年 12 月筹集到的 5000 万美元放手一搏，他认为用伟大的创意去换取短期收益没有任何意义，他追求的是长期收益。

2013 年，Facebook 以 10 亿美元收购了 Instagram，据业内人士分析，Instagram 现在的估值可能是最初的 10 倍，这也许是斯皮格尔拒绝扎克伯格的一个理由吧。随后，扎克伯格对 Instagram 进行了改造，推出了 Instagram Direct 功能，向 Snapchat 发起新一轮进攻。

Facebook 与 Snapchat 相互构成了威胁，但斯皮格尔对 Snapchat 却信心满满，因为他还年轻，有的是时间去回击。

2014 年初，Snapchat 用户每天发送的图片和视频数量达到了 4 亿条，这与 Facebook 和 Instagram 加在一起的上传量不相上下。胜负如何，其实已见分晓。

创业课堂

要想创业成功，不但要抓住机遇，还要找对人，找准服务对象，更要找对合作伙伴。一个好的合作伙伴，可以助力你更快成功。当创始人之间产生了矛盾，应该如何处理呢？斯皮格尔的解决方法特别是矛盾解决后选择的和解声明，给大家提供了一个很好的借鉴方式。此外，斯皮格尔和 Facebook 创始人扎克伯格的斗智斗勇，也让人见识到了这个年轻人的超凡智慧。这也在某种程度上给广大创业者一个有益的启示：一旦意识到自己所提供的产品或服务前景广阔，就不能被其他竞争者的利诱所动，坚持下去，你会得到更多。

SILICON VALLEY ENTREPRENEURIAL THINKING

第 10 章

把小众产品打到主流市场去

——GoPro 创始人尼古拉斯·伍德曼的创业思维

自 GoPro 摄像机在 2004 年亮相以来，销量每年都会翻一番。其创始人尼古拉斯 • 伍德曼（Nicholas Woodman）也因此在 2013 年登上了全球亿万富豪排行榜。GoPro 征服的是那些热爱极限运动的人，虽然是一款小众产品，用户却包括各行各业的精英。目前，这款小众产品已经被伍德曼打到主流市场上去了，如今在很多运动胜地，无论是滑雪场、浮潜区，还是空中滑翔、海上冲浪，我们都能够看到 GoPro 摄像机。面对数米高的巨浪、凶险的滑雪坡道，尘土飞扬的卡车比赛或是蹦极，GoPro 都能记录下那惊心动魄的现场感受。“捕捉激情迸发时的感受”，这便是伍德曼心中的 GoPro。

从冲浪中捕捉灵感

与那些计算机天才们相比，尼古拉斯•伍德曼更加幸运，这个“冲浪男孩”只不过想找到解决冲浪时自拍的方法，却意外地成为了亿万富翁。看来，兴趣爱好同样也可以成就一个人的事业。

伍德曼是家中最小的孩子。很小的时候，他的脑袋里便充满了奇妙的想法。当时周围的人都笑话他的想法是天方夜谭，讥讽他是“疯子”，对此他从不理会。伍德曼是一个做事有计划的人，从不会因畏惧权威而放弃自己的想法，他极其自信，脸上总是带着一抹得意的微笑。他曾经拿出5美元和一位生物老师打赌，称自己可以在6分钟内跑完一英里，最终他只花了5分40秒便跑完了全程。

伍德曼的同学尤其是中学同学都记得，那个总是带着自信笑容的伍德曼对冲浪有着无比的激情与热情。每天清晨5点，当其他同学还在睡梦中时，他便早早起床，趁上课之前的空档去冲浪。相比之下，伍德曼在读书方面可没有这么大热情。据他的中学老师回忆，他的成绩总是维持在B+上下，连SAT考试也只得到中等分数。

在迷上冲浪之前，这个在硅谷郊区阿瑟顿长大的典型美国青年还热衷于打橄榄球和棒球。那时，他身材瘦高，精力充沛。而迷上冲浪后，其他兴趣爱好便被他搁置一边。伍德曼曾半戏谑地表示，他去加州大学圣迭戈分校读书是因为该校相对于其他大学来说更靠近海滩。他还说：“如果没有追寻对于冲浪的刺激……相信我永远都不会产生制造一款腕上摄像机的新奇想法。”

大学毕业后，伍德曼便开始了他的创业之旅。当时互联网已悄然兴起，硅谷的计算机或网络公司如雨后春笋般地创立。伍德曼也想抓住这个机遇大干一场，他创办了一家在线游戏服务公司 Funbug，并获得了一笔价值 390 万美元的风投。当年，390 万美元的风险投资不算是一笔小数目。然而，公司刚成立不久便迎来了网络泡沫的破灭，伍德曼不得不宣布 Funbug 破产。之后，这个自信的美国青年消失了一段时间。

伍德曼觉得自己有必要去度假，以重新整理自己的心情。打定主意后，他前往澳大利亚和印度尼西亚，并一如既往地选择了自己痴迷的冲浪运动。他甚至决定，在结束这次旅行之后，便会安分地度过自己中产阶级舒适而单调的一生。为了能把自己冲浪刺激的一幕记录下来，伍德曼做了一套简单的装置，他把柯达一次性相机固定在一条提前做好的腕带上，而这条腕带是他利用断裂的冲浪板皮带和橡皮筋制作的。这样，他便能在冲浪时把自己精彩的瞬间随时拍摄下来。

在印度尼西亚冲浪时，伍德曼还认识了布拉德·施密特，施密特后来成了伍德曼的密友和 GoPro 创意总监。施密特也是一名冲浪爱好者，而且是第一批试用伍德曼改装腕带的人。两个冲浪爱好者在一起，除了冲浪之外，便是讨论如何制造出一款防水的摄像机，以抵御海水的侵蚀。

如果说，某人花了一天时间去冲浪，或是花了一星期的时间，都是可以理解的，而伍德曼却花了整整五个月时间做这件事，从中足以看出他对冲浪的痴迷程度。五个月后，精神焕发的伍德曼回到了加利福尼亚，这时的他，心中萌生了再次创业的想法。

伍德曼爱好冲浪，所以他把房子也选在了海滩附近。为了缩减开支，当时 27 岁的伍德曼在加利福尼亚州的莫斯海滩与人合租了一套房子。他把自己锁在海边的卧室里，“脱离”了正常的生活，断绝了与家人和朋友的联系，他希望把腕带装置变成一种产品，打造属于自己的第一款原型产品。

兴奋的伍德曼找来钻孔机和母亲的缝纫机，开始了他每天至少 18 个小时的工作日程。为了能以最短的时间研发出产品，他甚至节省了从卧室到厨房的 30 秒钟时间，他找来一个驼峰运动水壶，装上能量饮品和一半水，渴了喝口水，饿了喝口能量饮品。伍德曼给自己设定了一个期限，如果四年后还不能创业成功，那么他便心甘情愿地去找一份安逸的工作。

这并非表明伍德曼失去了自信心，自信是建立在一定基础之上的，再自信的人也有害怕失败的时候，正因为他们害怕失败，才会全身心地投入其中。

“想要为冲浪者们创办一家腕带公司”，除了伍德曼认为这是个绝好的创意外，似乎没有多少人赞同，伍德曼的父母对儿子的做法就很不理解，好友施密特也持怀疑态度。然而，别人异样的眼光并没有打击伍德曼的积极性，相反，他搞研发的那种积极性越来越高涨，除了研究如何将旧潜水衣材料缝在一起外，他还要寻找一款能够获得授权并可以改造的摄像机。他参加了各种大大小小的展销会，终于选定了一款在中国制造的摄像机，这款摄像机大小只有 35 毫米，售价 3.05 美元。这不正是他要寻找的吗?

一切准备就绪，接下来就是把这些原件组成模型了。怀着忐忑的心情，他将摄像机、自己制作的塑料外壳和 5000 美元制作费寄给了一家名为 Hotax 的非知名厂商。在焦急的等待中，伍德曼设想了很多种结果，有最好的也有最坏的。

命运对伍德曼是公平的，他的努力没有白费，他设计的摄像机实体模型很成功。然而，后续工作是相当艰巨的，伍德曼又花了数月时间对这款模型进行完善和改造，一直改到他满意为止。

当伍德曼觉得他设计的这款产品有足够的价值时，正好赶上2004年9月在圣迭戈举办的一次体育用品展销会，他带着自己的摄像机前去参会，并很快卖出了自己的第一台产品。卖掉产品便是对之前他所有工作的肯定，伍德曼终于苦尽甘来了。

飞速发展的小众产品

在我们看来，喜欢冲浪的人毕竟是有限的，而想把这一时刻记录下来的人也不多，这种产品能有多大市场呢？伍德曼却不这样认为，他从一个冲浪爱好者的角度得出了与众不同的答案，每一个冲浪爱好者都期待能把他们在水中最英武的姿态拍摄下来，只是苦于找不到具有这种功能的产品。

伍德曼这次“潜水”的时间虽然有点长，但他却从中挖到了珍宝。何况，他预计这次“潜水”的期限是4年，但只用了不到一半的时间便达到了预想的目标。在别人眼里，伍德曼是一个工作狂，他几乎把所有的时间都用在了产品研发上，他痴迷成功，当口袋里只有几千元生活费时，他却拿着几台没有销售出去的摄像机挥手对周围的人说：“看看，我能凭这个变成百万富翁！”

当别人等着看这位“冲浪男孩”的笑话时，结果却出人意料。在首个完整的销售年度，GoPro摄像机的销售额达到了35万美元。所有人都对伍德曼刮目相看。因为之前他人的质疑，伍德曼很难请到人来帮忙，当时只有一位叫尼尔·达纳的和他一起租房的年轻人愿意帮他，达纳也成了伍德曼的第一位同事，GoPro公司的第一位员工。在这种情况下，伍德曼不得不身兼数职：

产品工程师、研发负责人、销售员以及代言模特。他和达纳几乎跑遍了全美国的冲浪用品商店，并费尽了口舌，希望能够将 GoPro 摄像机卖出去，而那些库存的产品则堆放在伍德曼父亲位于索萨利托的家中。

随着电视购物进入人们的视线，伍德曼也想通过这一媒介对他的产品进行宣传与销售。2005 年，他曾三度出现在 QVC 电视购物频道，在那里，他还遇到了 Spanx 公司的创始人萨拉 • 布雷克里（Sara Blakely）。

在 GoPro 的成长过程中，对风险资本的介入伍德曼表现得相当敏感。刚成立 GoPro 时，他只有 3 万美元，除了自己，他的父母便是他最大的股东了。他的母亲给他投资了 3.5 万美元，父亲则分两次共给他投资了 20 万美元。

对于一个想得到长足发展的企业来说，融资是必须要走的一条路，但是，早前 Funbug 失败的经历，使伍德曼对风险资本心怀芥蒂。而且，他不想让投资者干预 GoPro 的运作，他想尽可能长久地保持公司的私有性，担心风投资本介入后他的每一个举动都会受到限制，再也不能随心所欲地进行“产品测试”和按着自己的想法经营 GoPro 了，这样的束缚伍德曼不想要。

2007 年，GoPro 的营收只有数百万美元，这让伍德曼的自信心再一次动摇，他担心自己“无法带领公司更进一步”。经过深思熟虑，伍德曼决定将公司的多数控股权向一组外部投资者转让。当时正值 2008 年金融危机，投资方对 GoPro 进行了极为保守的估值，这引起了伍德曼的强烈不满，他的自尊心受到了重创，断然拒绝了这笔交易。

终于，这一危机在 2010 年出现了转折，全球最大的家用电器和电子产品零售集团百思买（BestBay）开始销售 GoPro 摄像机。从那时起，伍德曼的小小创意，即 GoPro 的小众产品才开始走向主流市场。

让人欣慰的是，GoPro 的盈利成倍增长。考虑到公司的未来发展，伍德曼还是决定接受风险投资。2011 年 5 月，GoPro 接受了 8800 万美元的投资，这笔巨大数额的投资来自八家风投公司，其中包括迈克尔·马克斯领导的睿悟资本和迪士尼旗下的思伟投资。这次融资为伍德曼换来了大量的资金。

小众产品走向主流市场是困难的，如果没有这次融资，即使自己的产品再出众，伍德曼也只能依旧开着卡车去展销会搭建摊位，四处叫卖。为了省钱，一些用后剩下的配件还要退回去。那段时间，伍德曼是各种展销会上的常客，只要有展销会，无论大小，他是必须要到场的。而他付出的这一切都是为了实现自己的梦想。

把社交网站变成“好伙伴”

如果你是一名冲浪爱好者，环顾海滩，你会发现 GoPro 摄像机无处不在，有的冲浪者把它衔在嘴上，有的则把它固定在头上，而岸上的观众则把它举在手里……对于那些挑战极限的冲浪者来说，用 GoPro 摄像机拍下精彩瞬间并把它传到社交网站上是他们快速成名的好方法。跟社交媒体的紧密联系，是 GoPro 产品从小众走向主流市场的主要推动力之一。

伍德曼不是社交网站的常客，虽然他本人没有 Twitter 账户，在 Facebook 上也不活跃，但他却相信社交网络的力量不容小觑。他看到了 Facebook 的迅速崛起，看到了 Twitter 的用户逐年增加，他深信社交媒体的重要性，于是，他每年都会花数百万美元在一些较大的社交网站上宣传 GoPro 摄像机。

当然，GoPro 摄像机的广告离不开那些血脉偾张的运动视频，比如滑雪运动员的 1080 度翻转，蹦极从高空跃下那动人心弦的一刻，跳伞运动员也会通过佩戴 GoPro 摄像机记录下从平流层边缘纵身一跃的壮举。伍德曼认为，

GoPro 摄像机正在打造世界上最迷人和最令人兴奋的消费品牌，当然，这并非他一个人评判的结果，还取决于消费者利用 GoPro 摄像机创造出来的内容。GoPro 还在大型视频网站 YouTube 上开设了 GoPro 频道，自开播以来获得了 5 亿人次的点击观看，其在 Facebook 上的 GoPro 主页也获得了 750 万次的点赞。在其他社交网站上，GoPro 摄像机相关内容的点击率也居高不下。这一切似乎都在伍德曼的意料之中。

伍德曼不会放过任何一个宣传 GoPro 摄像机的机会。除了在社交网站上大放广告，GoPro 还赞助了很多知名运动员，当然，这些运动员大多是从事滑雪、冲浪、跳伞以及攀岩等极限运动的。这些极具号召力的运动员用 GoPro 摄像机把精彩的运动画面拍摄下来，然后放到社交网站上与网友们分享。这种视频就像“病毒传播”一样把 GoPro 的功能迅速传递给消费者。当提到创可贴，人们马上会想到邦迪；提到棉签，马上会想到 Q-tip；而提到上面介绍的这类运动视频，则马上会想到 GoPro 摄像机。这，就是社交媒体的力量。

但是，GoPro 摄像机毕竟被局限在极限运动的层面，所以有人认为这一市场无法长久。日常生活中，智能手机削减了人们对数码摄像机的需求，Flip 摄像机也曾一度成为人们手中的常物，但是没过多久，随着智能手机的不断涌现，Flip 命运多舛，虽然它曾经拉开了移动视频的大幕，但最终还是退出了历史的舞台。有专家预言，在不久的将来，智能手机的拍摄功能很可能会取代 GoPro 摄像机，GoPro 的成功只是把握住了这昙花一现般的机遇。

不管这种机遇是不是昙花一现，GoPro 的成功是有目共睹的。于是，竞争对手们一窝蜂地涌现出来。2012 年，运动摄像机制造商 iON Worldwide 发布首款运动摄像机，并承认其产品的确“借鉴了 GoPro 的经验”。iON 的高层认为，“伍德曼凭借其创新理应成为亿万富豪，但一款产品不可能垄断整个市场，这个市场足以容纳多个公司。”

GoPro 以组装为主，它的主要部件摄像机需要去采购而不是自产。于是，那些以开发摄像机为先的公司也瞄上了这一市场。也就是说，GoPro 的竞争对手又增加了，即它需要与那些业内巨头们斡旋。2012 年 9 月，索尼向世人宣布正式推出首款运动摄像机，并信誓旦旦要“稳坐第二把交椅”。

索尼的进入让伍德曼很头疼，要知道，索尼拥有图像稳定以及立体音效等优势，而这正是 GoPro 目前技术上所缺乏的。不过，在百思买卖场中的 GoPro 销量还是超过了索尼；伍德曼因此沉浸在胜利的喜悦中。但他并没有被胜利冲昏头脑，GoPro 需要不断地进步和完善，这是不争的事实，否则，便会被业内巨头们取代，或是被后来者赶超。

伍德曼是幸运的，正当他不知如何去完善 GoPro 时，他的贵人出现了。2012 年 12 月，中国电子产品制造商鸿海科技集团，即以大规模生产苹果手机而闻名的富士康，决定向 GoPro 注资 2 亿美元。这也使得 GoPro 的市场估值达到了 22.5 亿美元。虽然 GoPro 正处于发展的强势阶段，但这强大的“战备资金”足以让那些竞争对手们对 GoPro 刮目相看。目前，GoPro 的上市事宜已被伍德曼提上议事日程，但他并不能断定成为上市公司是否能让 GoPro 在竞争中处于更加有利的位置。

现在，GoPro 摄像机已经成为“极限运动专用摄像机”的代名词，但这离伍德曼的愿景还有些距离，他希望看到的是，GoPro 能够成为一款捕捉“生命中珍贵时刻”的首选设备。GoPro 正沿着伍德曼希望的增长轨迹迅速发展，伍德曼相信，只要能找到 GoPro 摄像机新的用途和市场，这种趋势就会保持下去。

创业课堂

在酷爱极限运动的伍德曼眼里，科技公司在创业的起始阶段资金并不是最重要的，前卫的创意和出色的销售才是关键。伍德曼对社交媒体本身了解甚少，但他却懂得将GoPro的产品与社交媒体上的运动视频紧密联系在一起，这不仅是GoPro摄像机能从小众产品走向主流产品并成功击败索尼的主要原因，而且也是伍德曼的经商之道：能与用户一起玩的产品才是好产品。伍德曼是在浪尖上弄潮的人，他承认在自己成功的道路上有相当大的运气成分，但人们更愿意将GpPro的成功归结为伍德曼的推动。如果你也正在做一款小众产品，那么不妨借鉴一下伍德曼的推广经验。

SILICON VALLEY ENTREPRENEURIAL THINKING

第 11 章

省时省力、越挖越深的连续创业

——SpaceX 公司创始人埃隆·马斯克的创业思维

他的人生精彩得有些不可思议：创立了大名鼎鼎的在线支付平台 PayPal，30 岁出头就成为亿万富翁，花了 10 年时间制造出第一辆在商业方面获得成功的电动汽车，同时制造出私人探索太空的运载火箭……他完成的任何一件事都算得上是惊天动地的事业。他既是天才工程师，又是卓越企业家；他横跨了多个领域，并且游刃有余。极强的控制欲和无限的想象力是他创业的前提。他曾大起大落，成为亿万富翁后又濒临破产，但他依然没有改变“拯救地球”的宏大理念，他甚至梦想着能移民火星。这便是 SpaceX 公司创始人埃隆 • 马斯克（Elon Musk）的传奇人生。

来自未来的“钢铁侠”

如果你是一位影迷，一定看过好莱坞大片《钢铁侠》，影片里那位身穿火箭驱动钢铁盔甲的工业家、科技狂人保卫地球以及拯救人类的故事是不是给你留下了深刻的印象呢？而现实生活中，也有一位被人们称为来自外太空的“钢铁侠”，这个人便是埃隆·马斯克。

马斯克出生于 1971 年的南非，他的祖父是一位从加拿大来到南非的探险家，马斯克从祖父那里继承了冒险的因子，再加上南非是一个有着浓厚创业文化和崇尚企业家精神的地方，使得马斯克从小就是一个“不安分”的人。

童年时的马斯克有点书呆子气，无论在学校还是在家里，他都显得与众不同。在南非，富裕家庭都有仆人和保姆，而马斯克的父亲却让孩子们自己打扫房间、整理草坪以及做其他家务。父亲说，那是美国孩子应该做的事。也许从那时开始，马斯克就把自己当成了美国人，并有了移民美国的想法。

由于频繁的转校，马斯克几乎没有真正交过朋友，他备感孤独，整天沉浸在文学作品和计算机书本里。少年时期的马斯克喜欢看科幻小说，其中，罗伯特·海因莱因（Robert Heinlein）的《伽利略火箭》对他影响很大，书中的主人公参与了登月火箭的制造和航空计划。受这本书的感召，马斯克做起了奇幻之梦，这个梦在他成年以后得以实现。

在马斯克 9 岁的时候，他有了阅读之外的第二个爱好——计算机编程。当时，他得到了一台新计算机 Commodore VIC-20，他在计算机里预装了一个学习期为 6 个月的“教你学编程”的软件。在此之前，马斯克对计算机可以说是一窍不通，但他的学习能力是非常惊人的，仅用三天时间就学习了 6 个月的教程。随后，他编写了第一个游戏软件 Blastar，虽然这是一款极为简单的游戏代码，但对于一个 9 岁的孩子来说却足以让人预见他的未来。12 岁那年，马斯克以 500 美元将 Blastar 卖给了一家计算机杂志。

上中学后，马斯克更加向往有一天能够去美国——在他看来，美国才是冒险家和创业者的天堂，而非洲只是他路过的一处驿站。中学毕业后，马斯克先是只身前往加拿大闯荡，并申请了加拿大安大略省的女王大学。然而，加拿大也只是马斯克的一处驿站，他的终极目的地依然没有改变，那就是美国。

几经辗转后，马斯克最终如愿以偿移民美国。1992 年，20 岁的马斯克转学进入宾夕法尼亚大学攻读物理和经济双学位。后来，有人询问马斯克为什么对美国如此钟情，马斯克回答："我的梦想，就是来到这个地方。"

在宾夕法尼亚大学读书期间，他开始规划自己的人生，并寻找"什么会最大程度影响人类的未来"这一问题的答案，最后他得出了一个结论：互联网、可持续能源、太空探索，尤其是太空永久移民可以影响人们的未来。他给自己定下了目标，一定要开创这三大影响人类未来的事业，哪怕只是涉足其中的某一个。

从宾夕法尼亚大学毕业后，为了继续深造，马斯克前往斯坦福大学攻读能源物理博士学位。与那些伟大的创业家一样，在马斯克的教育背景里也有着退学的经历。不过，相对于比尔•盖茨等人来说，马斯克在斯坦福大学的日子更短，只有两天。当时，正值互联网的浪潮兴起，早期互联网公司如雅虎和网景等如同上升的新星般熠熠发光。马斯克意识到：如果不尽早扬起互联网这张帆，他很有可能会错失最佳的发展时机。"要么视而不见，要么投身其中”。在斯坦福上了两天课后，马斯克便辍学加入了创业的大军。

1995 年，马斯克到网景公司找工作。当时，他走进网景公司的大厅，尴尬地站在那儿，由于从小就性格孤僻，他不好意思上前主动与别人说话，最后只好讪讪地离开了。事后，马斯克想，他也许只能走创业这一条路。同年，马斯克与弟弟创立公司 Zip2，并开发了一款在线内容出版软件，以帮助全国性的网络媒体与地方化的商家进行合作，将产品地方化，《纽约时报》和《芝加哥论坛报》等都是 Zip2 的客户。

由于预算紧张，马斯克只能与弟弟及另一个朋友合租一套公寓，Zip2 的办公室就在公寓的卧室里。这一年，互联网的泡沫刚刚开始。

1999 年，康柏计算机公司以 3.07 亿美元现金和 3400 万股票收购了 Zip2，马斯克的个人资产也因此超过了 2000 万美元。这个怀揣美国梦的年轻人终于挣到了他人生中的第一桶金。一夜暴富后，马斯克购买了一套 1800 平方英尺的公寓，一辆价值百万美元的迈凯轮 F1 跑车，还有一架私人小型飞机。

刚刚卖出 Zip2，马斯克便利用这笔钱马不停蹄地开始了他的又一次创业。这次，他创立了一家叫 X.com 的电子支付公司。2001 年，X.com 收购了 Confinity 公司，为了发展战略的需要，合并后的新公司以来自 Confinity 公司在 1999 年推出的在线支付产品的名字“PayPal”命名。

随着公司规模的不断壮大，其在纽约证券交易所上市的计划也被提上了议事日程。但是，马斯克并没有等到在纽约证券交易所为 PayPal 剪彩的那一天。2002 年 10 月，PayPal 被 eBay 以 15 亿美元的价格收购，当时这个价格相当于 eBay 总市值的 8%。事实证明，eBay 的这次收购是非常划算的，15 亿美元为它换来了 1 亿 1 千万的用户，而在此后的 10 年内，PayPal 为 eBay

创造了超过 200 亿美元的收入。马斯克是 PayPal 最大的股东，拥有 11.7% 的股份，被收购后，他的身价达到了 3.28 亿美元。

也正是因为当时创立了 PayPal，才为马斯克确立了在硅谷的地位。PayPal 培养出了很多杰出的创业家，如 YouTube 的创始人陈世俊和查德 • 荷里，Slide 的创始人马克斯 • 列夫琴，Yelp 的创始人杰里米 • 斯托普尔曼，LinkedIn 的创始人里德 • 霍夫曼……这些人被称为硅谷的“PayPal 帮”。

马斯克的创业同伴彼得 • 蒂尔（Peter Thiel）与他分道扬镳后成了著名的风险投资人，他曾向 Facebook 投资 50 万美元，最后以 2 万倍，即得到了 10 多亿美元的回报。蒂尔的资本延续了硅谷的极客精神，他设立的基金，专门投给那些年轻的有反叛精神的创业者。

给互联网安上翅膀

与互联网技术一样，航天技术也是马斯克在学生时代的梦想，当他把自己的想法说给周围的任何一个人听时，得到的都是嘲笑，他被当做是痴人说梦，但这并没有使马斯克的梦想受一丁点损伤，他的航天梦一次又一次地叩击着他的内心。

在 PayPal 被收购前几个月，马斯克打算给自己放个长假，他决定去里约热内卢的海滩享受他的假期。巴西的海滩和日光浴令人着迷，马斯克和其他前去度假的人一样，充分享受着由此带来的惬意。在海滩上，马斯克有时和周围的人玩沙滩排球、沙滩足球，有时会在遮阳伞下小憩一会儿，或是跟身旁人聊聊天……

假期结束后，人们发现马斯克手里多了一本不像是假期里该看的书——

《火箭推进基本原理》。这时的马斯克已决定好下一步该怎么走：去实现自己的第二个理想，进军太空。很多人都对此表示不理解。

一天，马斯克和他的老友阿迪奥·睿西开车从纽约驶向汉普顿。他们开始谈论太空，就像在讲一个笑话。当时，阿迪奥也从互联网中挖到了第一桶金，他和马斯克相约要到全世界去转转，并半开玩笑地相约去看看太空里有什么是他们能做的。回到住所后，马斯克打开电脑，在网站上搜索NASA的火星计划，他发现，人们对火星的研究并没有多大的进展，后来，马斯克谈起当时的事，风趣地说："我以为人们已经在去火星的路上了，结果他们的手脚太慢，什么都没做。"

越是发展缓慢，就越证明还有发展的空间。马斯克再也沉不住气了，他打电话给犹他州的航空航天顾问吉姆·坎特雷尔，和他探讨航天的相关知识，并向对方表达了自己的宏伟愿望，"我要把人类变成跨星际物种"，两人相约几天后在盐城湖见面。

一切就这么开始了。当坎特雷尔见到马斯克时，被他身上特有的气质所吸引，而在电话里，他甚至曾怀疑马斯克是个异想天开的疯子，见了面才发现，马斯克的那种征服欲是一般人所没有的。他确信，将来的航天史上一定会有马斯克的名字。

二人一拍即合，当即决定组团对火星进行研究。不过，当时他们的想法很简单，"买支火箭，装上老鼠或粮食作物，送到火星去，让全世界都知道，有两个叫马斯克和坎特雷尔的家伙能去火星"。

有了想法，二人便马上行动起来。首先，要铸就这样的梦想，一定需要一大笔钱，这钱该从哪里来呢？这便有了2012年10月eBay收购PayPal的事件。也许，马斯克早就有把PayPal股权变现的想法。问题一下子变得简单了，马斯克得到了一大笔现金。

马斯克是那种渴望带着世界前进的人。他从卖掉 PayPal 的 3.28 亿美元中拿出 1 亿美元创办了 SpaceX 公司，主营具备可重复使用技术的火箭业务。这一次，他想要一个只属于他的舞台。为了网罗人才，马斯克组织欧洲卫星发射联盟的人在卢浮宫对面的顶级酒店开了一个时间长达 30 个小时的派对。

马斯克在大学期间学的是物理专业，虽然他所学的专业与火箭并没有多大关联，但他读遍了坎特雷尔的大学教材，列出了一个造火箭的计划进度表。这正是他与乔布斯的不同之处：乔布斯虽然是苹果计算机的掌舵人，但沃兹尼亚克才是苹果计算机的技术灵魂，而马斯克本人就是一位天才工程师。

汤姆 • 穆勒是一位火箭工程师，是美国最大引擎制造商 TRW 的液体推进器专家，参与制造了世界上最大的发动机引擎。这样的人才马斯克哪肯放过，他亲自打电话给穆勒，询问了火箭的造价，并用高薪把穆勒招到麾下。为了招到更多的人才，马斯克四处拜访，最后，麦道飞行公司里主持“大力神”火箭的结构设计师克里斯 • 汤普森、在波音公司当了 15 年德尔塔火箭测试主管的蒂姆 • 布萨也加入了马斯克的队伍。一批顶尖的火箭工程师都受到召唤似的来到了硅谷。

很多人问马斯克：“为什么这些人都愿意来帮你呢？”马斯克总是笑而不答，作为工程师的他比任何人都知道，科学技术人员最在乎的不是薪酬的高低，不是环境的好坏，而是研究的自由，马斯克向这些火箭工程师承诺做实际工作的自由——造火箭。一位曾在美国国家航空航天局（简称“NASA”）工作数年的工程师回忆说：“在 NASA，虽然你几年时间都在搞研究，但却根本不知道火箭造到了哪一步，而在 SpaceX，你随时能看到工作的进度，因为马斯克会在每周五向大家作一个汇报，他会让所有人感到自己是在参与人类征服火星的历史进程。”

马斯克向来是一个低调的人，但这次他却变得不同以往，他高调地向各杂志记者、好莱坞明星和他身边所有的富人朋友宣传他要去火星的想法，并表明他将是第一个进入太空的私人公民，他显然已经把自己变成了一个公众人物。

硅谷向来不需要循规蹈矩者，而是乐于接纳这种“疯疯癫癫”的人，人们像当年欣赏乔布斯一样欣赏着马斯克。乔布斯代表着经典意义上的硅谷精神，他使互联网、计算机与电子产品具有了触及人情感的神韵，开拓了全新的商业机遇，马斯克也具有这种品质，他喜欢挑战，喜欢全新的事物，喜欢控制一切，且事必躬亲，他参与设计了洛杉矶郊外的SpaceX总部，建筑的颜色和家具的款式他都要亲自挑选，他还把公司里的垃圾桶设计成宇宙飞船的形状……

马斯克认为自己和乔布斯有很多相同之处，但也有着本质的不同：乔布斯研究的是极致的小美，而自己要的则是雄壮的大美——造火箭、造汽车、造太阳城……他喜欢谈“火星移民”“让人类跨星际的在宇宙中求生存”。其实，做着星际航空梦的硅谷高科技亿万富翁并不止马斯克一人，这些人组成了一个被称为“太空极客”和“新太空资本家”的俱乐部。这个俱乐部的成员包括亚马逊的创始人杰夫·贝佐斯、老一辈的互联网企业家吉姆·本森、《毁灭战士》游戏的制作者约翰·卡尔玛克、与比尔·盖茨共同创立微软的保罗·艾伦和谷歌创始人拉里·佩奇等。

五个月后，马斯克将筹到的3.2亿美元投入公司。SpaceX没有大型的研发实验室，没有博士智囊团，更没有政府资助，但它却在两年半的时间里造出了新型火箭“猎鹰 1 号”。马斯克的雄心是，把商业市场的火箭发射费降低九成，成本是核心的核心，有没有专利并不重要。马斯克想造出全世界最便宜的火箭，在未来把 10 万人送上火星，进行星际移民。

作为初创企业，SpaceX 里的每个人都是股东，大家都在想方设法节省每一分钱。任何省钱的办法只要有效，都会一试。但即使再省，也不会省在购买设备上，对于上了 5000 美元的设备申请单，只要说明理由，马斯克便会马上批准。为了节流，SpaceX 没有买新的经纬仪跟踪火箭轨道，而是从 eBay 上淘了个二手货，节省了 2.5 万美元……总之，只要能节省开支，马斯克便乐于尝试，当然，前提是不能影响火箭的研究。

最终，“猎鹰 1 号”运载小卫星的报价是 590 万美元，只相当于美国市场价的三分之一。当外界怀着惊异的目光看待这个航天新秀时，马斯克认为，他的秘密不在技术，而在预算控制上。“猎鹰 1 号”制造出来后，很快就拿到了三个客户的订单。而且，出乎马斯克意料之外的是，“猎鹰 4 号”还没造，便已经拿到了一份订单。

2004 年，好运再一次降临到马斯克身上。这一年，美国政府推出了星座计划，按照这一计划，NASA 将研究的目标转向深空，退出原来的地球轨道发射任务，而地球轨道运输则转交给商业公司，于是，“商业轨道运输服务”项目应运而生，马斯克从中看到了 SpaceX 不可估量的商业空间。

与此同时，NASA 对 SpaceX 伸出援助之手，不久开放了阿波罗计划的部分技术，还允许 SpaceX 使用测试台架，美国空军甚至为 SpaceX 提供了发射场地……

然而，令大家意想不到的是，“猎鹰 1 号”发射接连失败。2006 年，仅发射一秒钟后，“猎鹰 1 号”便因为燃料管破裂而失败；2007 年，因为自旋稳定问题，“猎鹰1号”传感器关闭了引擎，发射再次失败；2008年，“猎鹰1号”发射的又一次失败是最令马斯克痛心疾首的，因为在无数次实验证明发射会万无一失后，SpaceX全体员工都把发射成功的希望寄托在这一次。而且，这次火箭上搭载着美国国防部和NASA的3颗人造卫星，以及200多名希望将骨灰撒向太空的死者的骨灰……然而，在太平洋中部的夸贾林环礁发射升空两分钟后，火箭出现异常，最终与地面失去了联系。

三次发射失败后，马斯克面临着巨大的压力，如果第四次发射还是失败，SpaceX很可能在硅谷彻底消失。虽然硅谷一向对失败非常宽容，甚至将失败看成是荣耀的经验。但事实却是残酷的，发射失败让SpaceX损失了巨额投入，几亿美元的财富化为青烟，这对一家初创企业来说无疑是致命的打击。曾有很多壮志未酬的私人航天公司消失在历史的长河中，在当时看来，SpaceX也很可能会步其后尘。

经历了三次发射失败，马斯克在PayPal公司赚来的钱已消耗殆尽。

2008年，马斯克的事业再次遭受重创，他的特斯拉电动汽车公司因经营不善被迫关掉在底特律的分支机构，而且裁员三分之一，随时面临破产的境况。让SpaceX更为雪上加霜的是，美国爆发了历史性的金融危机，没人愿意把钱用于预订太空旅行的位子。马斯克陷入了有史以来最严重的一次困境。

硅谷在一夜间创造的很多奇迹，也在一夜间破灭了。马斯克不希望成为后者中的一个。

奇迹终于出现了，不仅震惊了硅谷，还震惊了整个美国，“猎鹰1号”在第四次发射试验中成功地进入了预设轨道。首次获得成功后，SpaceX赢得了价值16亿美元的合同。好运接踵而来，特斯拉的债务融资交易在圣诞节前成功完成。马斯克的火箭公司迎来了新的曙光，而在几个小时之前，马斯克手中只剩下几十万美元，给员工发完工资他便会身无分文。这一次，他与破产擦肩而过。

随后，可重复使用的火箭技术被进一步完善。

2012 年 5 月，“猎鹰 9 号”运载火箭发射升空，它携带的“龙飞船”成功发射到地球轨道并在完成预定任务后顺利返回地球。宇航界又一次轰动了。这意味着一个新时代的开始：一直由国家垄断的“国际空间站”进入了第一架私人所有的商业运输飞船。之后，NASA 向 SpaceX 公司部署了新的任务，技术越来越成熟的“猎鹰 9 号”运载火箭需要向国际空间站输送重量约 500 千克的物资。迄今为止，这是人类首次由商业飞船向空间站发送物资。

马斯克曾说，他的终极目标是要让人类在火星上定居，并正在努力实现中。

让理想在车轮上飞奔

在 SpaceX 的创业过程中，马斯克也从未忘记他的第三个梦想：永续能源。

20 世纪上半叶，汽车行业正处于兴盛状态，美国出现了数百家汽车企业，而今天，这些企业大多已销声匿迹。经过整合和兼并，美国本土的汽车制造商只剩下三大巨头：福特、通用和克莱斯勒。打入这样一个市场真的会有前途吗？没有人认为初创公司会有机会。在通往新能源电动汽车的路上布满了荆棘，菲斯克、科达等厂商已纷纷破产倒下，马斯克能否进入这一市场呢？

俗话说：有志者事竟成。正是因为马斯克有了这一宏伟目标，幸运之神才向他开启了成功之门。

几乎在 SpaceX 公司建立的同一时期，即 2003 年时，特斯拉电动车公司创办，但当时的创办人并不是马斯克，而是来自硅谷的工程师、创业家马丁•艾伯哈德（Martin Eberhard）和他的长期合作伙伴马克•塔彭宁（Marc Tarpenning）。

由于两位创始人没有做好充分的准备，没有自己的工厂，也没有专利技术，特斯拉创立之初便遇到了重重困难。特斯拉电动车公司是利用一家现有的汽车制造厂来完成电动车的组装，虽然成本低、制造周期短、可靠性强是特斯拉的优势，但资金匮乏是特斯拉不得不面对的一个事实。

当艾伯哈德看中了 AC Propulion 公司的技术时，马斯克也正好在寻找永续能源技术，并对 AC Propulsion 公司的电动车技术很感兴趣，AC Propulsion 公司的 CEO 汤姆•盖奇索性将马斯克直接介绍给了艾伯哈德和特斯拉团队。

马斯克对此正求之不得，他随即表示愿意为特斯拉投资 630 万美元，不过，他以拥有特斯拉电动车公司所有事物的最终决定权并出任董事长作为投资的主要条件，而作为创办人的马丁•艾伯哈德则只能担任 CEO。

与两位创始人的初衷一致，马斯克也把特斯拉电动车公司的产品定位于高端、高性能运动型电动车，Roadster 就是特斯拉电动车公司的第一款产品，它以英国路特斯品牌的 Elise 跑车为基础打造。在制造过程中，虽然马斯克与公司创始人都参与其中，废寝忘食地工作，但在一些设计环节上难免会出现分歧。在马斯克的执意下，Roadster 为追求豪华，制造成本逐渐提高，超过 10 亿美元，而在融资过程中，马斯克向投资人阐述的预定成本是 6.5 亿美元。特斯拉电动车公司因此受到了投资人的质疑。

经过这件事情之后，马丁·艾伯哈德和马克·塔彭宁离开了特斯拉。在马斯克的坚持下，第一辆Roadster最终还是从路特斯的生产线上开了下来，随后，Roadster进入量产阶段。

但好景不长，2008年，SpaceX公司火箭接连发射试验失败后，马斯克没有能力维持特斯拉的现金流，当他准备放弃特斯拉来保全自己的航天梦时，上天再一次眷顾了他。当时，戴姆勒公司正在寻求合适的合作伙伴，以加入到电动车的发展进程中。经过评估，特斯拉被戴姆勒公司看中，马斯克向戴姆勒转让了特斯拉近10%的股份，这才使得他有了一丝喘息之机。正是这一丝喘息之机，使得SpaceX和特斯拉都得以坚持下来，并且都取得了初步的胜利。到2012年9月，特斯拉在全世界共销售了2400多辆Roadster。为了丰富产品，Roadster衍生出了几款车型，并在动力性能上有了很大改善。

接下来，更具震撼的Model S再一次向世人展示了马斯克的想法。在解决了高容量电池和高性能电机等关键技术问题后，这款车有让人眼前一亮的特点，从启动加速到时速100公里只需要3.2秒钟，当时，保时捷的传奇车型达到同样的速度需要4.4秒钟。

美国权威的消费者报告对特斯拉的Model S型电动车给出了极高的评价，同时被美国国家公路交通安全管理局评为五星安全级。有人甚至把特斯拉比作是汽车界中的苹果：iPhone重新定义了手机，特斯拉则重新定义了汽车和驾驶体验。

在美国市场，特斯拉这种高端、高性能的电动车并不孤独，Fisker便是与特斯拉针锋相对的竞争对手，但马斯克对竞争充满信心。

2010年6月，特斯拉在纳斯达克公开募股成功，成了唯一一家在美国上市的纯电动汽车独立制造商，也是自 1956 年福特汽车公开募股以来第二家上市的美国汽车制造商。可以说，马斯克颠覆了美国汽车行业。

2014 年 6 月，马斯克又做了一件令别人看似疯狂的事：特斯拉将公开所有的专利，允许其他公司，包括竞争对手使用其知识产权。作为行业的领头羊和创新者，特斯拉这样做是为了推动电动汽车行业的整体发展，马斯克认为，有竞争才会有发展，特斯拉的使命是为了促进可持续交通的未来。

创业课堂

马斯克或许有预见未来的神力，但更可能只是无比幸运地踏准了每一个节拍：在泡沫刚开始时进入互联网，在泡沫破裂前变现撤离；美国航空航天局在全面走向深空时，留给他巨大的太空商业机遇；新能源战略等。但投资这件事，可不是疯狂投钱那么简单，需要运气，更需要智慧。马斯克在一定程度上自主创立的、联合创立的、投资或者支持的将近 20 个项目，其涉猎之广，成就之多，令人惊叹。马斯克在连续创业中，还认识到竞争不是非此即彼的零和游戏，而是通过技术创新和超越来开拓能够共赢的新市场机会。

SILICON VALLEY ENTREPRENEURIAL THINKING

第12章

先有改变世界的想法，才有改变世界的可能

——苹果公司创始人史蒂夫·乔布斯的创业思维

曾经有人说：三个苹果改变了世界，这三个苹果分别是夏娃的苹果、牛顿的苹果和史蒂夫·乔布斯的苹果。乔布斯，这个在过去几十年内引领现代数字技术设计与发展的人，做过许多“看起来不可能的事情”，以及“伟大的、会改变历史的事情”。而且，他做到了，他不止一次地改变了科技与互联网的历史，还在商业领域创造了奇迹。不可否认，乔布斯是个天才，“天才的另一面是疯子”，当人们评价乔布斯的时候，这样的话不止一次被用到。但是，乔布斯之所以能颠覆我们的生活方式，绝非因为他的狂放不羁，而是得益于他特立独行性格之下的那种不竭的创新精神。他用行动告诉世人：要想改变世界，就必须先有改变世界的想法。

拥有改变世界的野心

每一位成功人士都有着非同寻常的人生历程，被誉为“魔鬼精英”的史蒂夫·乔布斯更是如此。一路走来，乔布斯的成功之路犹如好莱坞大片一样精彩。

乔布斯 1955 年出生于美国旧金山市，他从小就有些孤僻、叛逆，喜欢搞恶作剧，经常对着邻居的摄像头做鬼脸，偶尔还会放掉邻居车胎里的气，当邻居对着半瘪的车胎哭笑不得时，他心里却得意极了。在学校里，乔布斯与同学们也是格格不入，他上课不爱认真听讲，经常一个人躲在教室角落里发呆，当老师训斥他时，他不但不虚心接受，反而会跟老师顶嘴。由于乔布斯性格倔强，小朋友们都不喜欢和他玩，这使他在小时候没有多少玩伴。可能正是因为孤独，乔布斯才对各种电子元器件产生了浓厚的兴趣。他经常把家中的收音机、电视机等大卸八块，然后再重新组装。乔布斯强烈的好奇心使他对这些能发出各种声音的小玩意儿很好奇，总想探个究竟。

乔布斯的家位于山景市，由于正值硅谷形成时期，山景市的各种电子科技公司如雨后春笋般冒了出来，乔布斯经常能在自家附近发现一些被丢弃的电子产品，这些东西给乔布斯的童年带来了很多乐趣。

在 11 岁时，乔布斯一家迁往帕洛阿尔托市。在库比提诺中学，乔布斯认识了费尔南德斯。和乔布斯一样，费尔南德斯也是一个电子迷，而且也个性鲜明，特立独行。有了共同的爱好，乔布斯和费尔南德斯成了形影不离的好朋友。后来，费尔南德斯认识了一位电子工程师的儿子——杰里·沃兹尼亚克。沃兹尼亚克比费尔南德斯大 5 岁，在电子科技领域有着过人的天赋，就连他的父亲都不得不承认这一点。初中的时候，沃兹尼亚克就组装了一台无线电接收设备，高中时则开始研究无线电台和计算器。

当乔布斯进入霍姆斯特德高中时，经常能在课堂上听到沃兹尼亚克的名字，在同学和老师的眼中，沃兹尼亚克就是一个电子科技方面的天才，而乔布斯却不这样认为。后来，经费尔南德斯介绍，乔布斯与沃兹尼亚克逐渐变得熟识起来。乔布斯这才承认，沃兹尼亚克的确比自己更有这方面的天赋，而在沃兹尼亚克眼里，乔布斯只不过是一个略懂电子知识的发烧友。

后来，三个人经常一起研究各种电子产品。1972 年，17 岁的乔布斯进入俄勒冈州波特兰市的里德学院读大学，里德学院在美国以思想氛围自由著称，这正是乔布斯选择这所学校的原因。在大学期间，乔布斯依然叛逆十足，对一切事实都不会轻易接受，而是亲自检验过才会服气。在里德学院，乔布斯开始探索东方宗教。他阅读了大量的宗教和哲学书籍，对佛教尤其感兴趣。这对以后乔布斯的精神世界影响很大，这使他能更好地集中注意力，清除精神上的杂念，更好地应对人生中的一个又一个打击，并迅速调整好自己的精神状态，从内心深处汲取强大的精神力量以应对现实中的各种挑战。

乔布斯朋友很少，他常常一个人坐着，像是在思考问题。当他发现自己是父母的养子，而且因为他上大学花光了养父母所有的积蓄时，生性叛逆的乔布斯变得更加孤僻。在上了六个月的大学后，乔布斯决定退学。

退学后的乔布斯并没有离开里德学院，对于他喜欢的课程，他还是会去旁听。对于美，乔布斯有着惊人的直觉，他喜爱艺术带来的那种美的享受，后来，他在苹果计算机公司对产品艺术美的追求很执著，这种执著就受益于大学时代对美的理解。

和所有20世纪70年代的叛逆青年一样，青年时代的乔布斯思想独特而混乱，崇尚各种奇特的文化，即使这样，乔布斯的脑子里依然充满了各种奇思怪想。

1974年，乔布斯到一家名叫“阿塔里”的电子公司工作，他认为这份工作正好符合自己的兴趣，但他的心并没有在工作中有一刻的安分。一天，他突发奇想，连声招呼都没打，便穿着破烂的衣服去了印度。这次印度之行，当地穷人面对命运的无助情形是最令乔布斯难忘的，他的心灵受到了前所未有的震撼。从印度回来后，乔布斯变得沉默寡言，像是变了个人，从那时起，乔布斯决定要以一种全新的方式来生活。

脱胎换骨的乔布斯改掉过去的不良习气，成为一名自食其力的上班族。空闲时间，他会去参加一些计算机俱乐部的活动。那时他就想：如果千家万户的桌面上都能摆上一台计算机，一台真真正正属于个人的计算机那该多好啊！

也正是这个梦想，让乔布斯的命运发生了翻天覆地的变化。当乔布斯把自己的新奇想法告诉好朋友沃兹尼亚克时，沃兹尼亚克也非常兴奋，就这样，他们开始一起创业。

乔布斯天生喜欢挑战，叛逆、固执的个性以及向不可能挑战的冲动促使他和沃兹尼亚克立即着手研究计算机。

既然决定开公司，就要给公司取个名字。他们把一些自己认为不错的名字写在纸上，结果又一一否决。最后，乔布斯提议叫“苹果计算机公司”，因为他那段时间总是喜欢吃水果餐。沃兹尼亚克也觉得这个名字听上去很有意思，有活力，“苹果”削弱了“计算机”这个词的锐气，而且，英文字母A打头的这个名字在电话簿上会永远排在前几位。此后，“苹果”这个名字一直沿用至今。

到目前为止，我们不得不承认取名“苹果”是乔布斯非常明智的选择。这个名字简洁好记，标新立异，又不会让人觉得古怪。把“苹果”和“计算机”两个词放在一起制造了一种有趣的分裂感。当时有人说，“苹果”这个名字有点儿无厘头，但却增加了该品牌的知名度。

一般来说，初创公司的联合创始人多是互补型的，苹果公司也不例外：乔布斯有时候像恶魔附身一样，而沃兹尼亚克则像个被天使控制着的孩子，有时甚至有点儿社交障碍。但正是这样两个性格完全不同的人，组建了一个强大的团队，他们紧密合作，创造了奇迹。乔布斯曾说：“我们是最佳拍档。”就这样，两个拥有伟大梦想的年轻人，在异常困难的条件下一路向前。

为了充实力量，乔布斯还说服了自己在阿塔里的同事、首席游戏设计师韦恩与自己一起创业。

1976 年 4 月 1 日，在乔布斯养父母家的车库里，苹果计算机公司成立了。公司成立之初，几乎一无所有，尤其缺少资金，乔布斯不得不卖掉自己心爱的汽车，沃兹尼亚克和韦恩也纷纷变卖东西，这就是苹果公司最初的启动资金。这期间，几个好朋友纷纷来苹果公司帮忙，其中包括费尔南德斯。

不管多么艰难，乔布斯始终相信苹果公司能长成一棵参天大树。乔布斯打定的主意，无论如何都要去实现，不管遇到什么困难，他的眼睛只会盯着自己的目标。

经过努力，苹果公司终于制造出了一台完整的计算机，乔布斯将它命名为 Apple（苹果）。他希望通过这台计算机为自己带来足够发展的利润，于是，他和沃兹尼亚克带着这台令他们无比满意的伟大杰作到惠普公司去推销。

令乔布斯和沃兹尼亚克万万没想到的是，惠普公司对这款外表简陋的机器丝毫不感兴趣。无奈之下，乔布斯只好到电子市场去游说。乔布斯的销售能力是一流的，在他的说服下，终于有一家公司和他们签订了购买50台计算机的合同。几经周折，乔布斯的天才设想和真诚打动了一家电子元件公司的经理，他答应向苹果公司赊欠一批电子元件，这无疑给苹果公司插上了起飞的翅膀，也预示着苹果就要横空出世了。

为了尽快制造出这批计算机，乔布斯和沃兹尼亚克等人没日没夜地工作，但韦恩却选择了中途退出——他认为乔布斯是一个桀骜不驯的年轻人，和这样的人合作是在冒险。

在大家的共同努力下，这批计算机如约交货，乔布斯和沃兹尼亚克从中赚了3000美元。尝到了甜头的他们，更坚定了对计算机研究的信心。

为了研发出更好、更有魅力的产品，沃兹尼亚克很快又投入到新一轮的研究中去。不久，沃兹尼亚克的天才灵感再次爆发，Apple Ⅱ的研发工作很快完成了，这是世界上第一台完全由一个人独自设计的商品化计算机。不得不承认，沃兹尼亚克是一个能够让苹果公司腾飞的天才，而乔布斯则是发现这一天才的伯乐。

Apple Ⅱ创造了计算机历史上的多个第一，这些第一无不承载着乔布斯和沃兹尼亚克的野心：第一次有塑料外壳，第一次自带电源装置而无须风扇，第一次可玩彩色游戏，第一次内置扬声器接口，第一次装上游戏控制键，第一次具有高分辨率图形功能等。

从现在苹果的受众来看，当时乔布斯和沃兹尼亚克做的事情确实是伟大的，这是乔布斯和沃兹尼亚克始终对工作充满激情，并不断为此付出努力的结果。

站在巨人的肩膀之上

虽然乔布斯是一个强硬的独裁者，但他独裁的多是自己认为对的事，乔布斯曾说："取长补短，我乐于接受别人的创新之处，并把其化为己用，方是成功之道。"看来，乔布斯的伟大之处并非只有他独特的想法，他还习惯于站在巨人的肩膀之上，因为这样做才会离成功越来越近。

施乐公司是当时全球最大的数字与信息技术产品生产商，1970 年，为了获得尖端信息技术，施乐公司收集了很多计算机设计方面好的创意，并将这些创意保存在加州的帕洛阿尔托研究中心。

在 20 世纪 70 年代，每当提到帕洛阿尔托研究中心，硅谷的技术天才们都会充满敬畏。因为帕洛阿尔托研究中心有世界上先进的计算机技术，有顶级的计算机技术人才，还掌控着最高的个人计算机研发水平。该中心虽然并不为公众所知，但在硅谷的计算机业内却大名鼎鼎，被称为"计算机研发圣地"。乔布斯认为，如果想实现自己的计算机梦想，拜访一下这个计算机研发圣地是非常有必要的。

帕洛阿尔托研究中心对外界是高度保密的，要想进去考察谈何容易。但是，乔布斯认定的事是很难改变的，不管付出多大代价，他都要一探究竟。

为了能进入帕洛阿尔托研究中心考察，乔布斯可谓下了血本，他找到施乐公司的风险资金管理部门，信誓旦旦地和对方说："如果我们能考察一下帕洛阿尔托研究中心，施乐公司便可以在苹果公司投资 100 万美元。"这个条件是相当诱人的，当时因为 Apple Ⅱ 的成功，苹果公司正如日中天，而且，第二次私募资金刚刚启动。对施乐公司来说，这笔交易是非常划算的，帕洛阿尔托研究中心的那些实验产品已经六年没有动过了，或许将来永远不会投入到市场上，而如果购买了苹果公司的股票，一旦苹果公司成功上市，施乐公司就会获得丰厚的收益。何乐而不为呢？施乐公司最终同意了乔布斯的建议。

在帕洛阿尔托研究中心，乔布斯大开眼界，他看到了一台惊人的计算机——Alto。这台计算机最大的特点是，用网络使一个办公室内多台计算机共享文件和信息。第一次看到这样的技术，乔布斯简直惊呆了，他还第一次见到了鼠标，这是前所未有的创造。

可以说，Alto已经为现代的个人计算机构造了基本雏形，这台计算机上的很多特征，后来都成为了个人计算机上不可或缺的东西。然而，就是这么一项革命性的伟大发明，却在施乐公司的实验室中坐了六年的冷板凳。施乐公司的主管者没有看到这项发明的潜在商业价值，自然没有成为其最大受益者。可以设想一下，施乐公司的老板当初如果像乔布斯一样慧眼识珠，今天也许可以拥有整个计算机产品，公司的规模也会比现在的规模大上数十倍，甚至可能成为20世纪90年代的IBM，或是微软。

毫无疑问，乔布斯知道鼠标、局域网络、文件服务器和创新的软件应用程序的价值，这些正是他所想要的东西。在帕洛阿尔托研究中心考察的过程中，乔布斯非常认真，他要求同去的苹果公司的工程师们更要仔细观察，所以在考察结束之前，乔布斯及前去的同事们都看懂了Alto的工作原理。

经过这次考察，乔布斯感觉到这些创造性的研发一定会改变他乃至整个计算机行业的历史。事实上也的确如此。回到公司后，乔布斯便向同事们宣布苹果公司的研发也要朝着这个方向努力，并要在此基础上不断创新。

乔布斯的成功，主要来源于他对未来洞察的能力，当他相信某件事会成功时，他的这种洞察力会让他冲破一切障碍，不惜一切代价地获取成功。

此后的乔布斯好事不断，锦上添花的事可以说是一件接着一件。当时施乐公司的泰斯勒由于得不到重用，跳槽来到了苹果公司，成为了一名技术专家。后来，又有超过 15 位施乐公司的计算机专家加入到苹果公司的阵营中。这样一来，把 Alto 的技术应用到苹果公司的个人计算机上，就更加容易了。

考察施乐公司后，乔布斯的创新火花被一再点燃。不管是创建皮克斯，还是研发 iPod，乔布斯都在找寻 Alto 所带给他的那种震撼。可以说，乔布斯正是站在施乐这一巨人公司的肩膀上，才能比别人看得更远、做得更好。

一生只做一件事

很多人都害怕冒险，但实际上，冒险是一种可贵的品质，是胆量和勇气的体现。在一个人的一生中，绝对不可以缺少胆量和勇气。一个没有胆量和勇气的人，很难有所作为。

Apple Ⅱ的问世把苹果公司推向了新兴产业的巅峰，其销量也快速攀升。1977 年，Apple Ⅱ只销售了 2500 台，而到了 1981 年则猛增到 21 万台，翻了数倍之多。但是，乔布斯并没有因此而自满，他好像从来就没有自满的时候。乔布斯告诉自己，Apple Ⅱ不可能长盛不衰，而且 Apple Ⅱ始终都带着沃兹尼亚克的烙印。乔布斯需要制造一台属于他自己的计算机。

乔布斯期待着 Apple Ⅲ能承担这个角色。Apple Ⅲ有更大容量的内存，更大的屏幕可以一行显示 80 个字符……乔布斯完全沉浸在对工业设计的狂热之中，他对机箱的尺寸和形状进行了严格的限定，并拒绝任何人对其修改。1980 年 5 月，Apple Ⅲ上市，满怀期待的乔布斯原以为 Apple Ⅲ会像 Apple Ⅱ一样畅销，但结果却不尽如人意——销量非常惨淡。这个时候，乔布斯开始自我反省。

乔布斯比任何人都清楚，既然不是自己理想中的产品，而且不能为公司带来利润，就应尽快放弃。如果一味地抱着 Apple Ⅲ不放，最后只能是双双走入坟墓，与其如此，不如把精力放到下一个产品的开发上。乔布斯想尽一切办法，就是要创造出更加与众不同的产品。

乔布斯想让自己的下一个计算机产品使用触摸屏，但最后还是觉得为时尚早。而且，这台计算机的命名也难住了乔布斯。最后，他决定用自己女儿的名字——“丽萨（Lisa）”来命名。

“丽萨”缺少了当时仍在 Apple Ⅱ项目中埋头苦干的沃兹尼亚克的才华，更趋向于一台中规中矩的计算机，这款产品越来越显得与其他公司的计算机没有区别，甚至不及其他公司生产的计算机，乔布斯逐渐对“丽萨”失去了耐心。

到 1979 年秋天，Apple Ⅱ的潜在继任者已经有了三种机型：命运凄惨的 Apple Ⅲ，已经开始让乔布斯失望的“丽萨”项目，以及后来的 Macintosh 项目。

乔布斯一心只想着把 Alto 的所有先进技术都放在“丽莎”上，也许乔布斯的初衷是对的，他想制造出一个完美的“丽莎”，但他却从不考虑成本，这也使得此前制定的“丽萨”售价 2000 美元的目标变得毫无意义。而且，整个项目进度缓慢，这使得“丽莎”的面市变得遥遥无期。可顽固的乔布斯却坚持自己的方向，忙得昏天黑地的员工们，对乔布斯越来越不满。

正当“丽萨”计划化为泡影，乔布斯深感无奈之时，苹果公司迎来了它历史上最重要的一天。1980 年 12 月 12 日，苹果公司顺利上市了。乔布斯在他 25 岁这一年，身家达到了 2.56 亿美元。

苹果公司的上市非常成功，创造了公开上市公司的许多纪录。这一成就大部分要归功于沃兹尼亚克的 Apple Ⅱ。苹果公司的成功给乔布斯带来了财富和名誉，然而，乔布斯很快就厌倦了财富带来的快感。他并不想炫耀财富，而是想用超乎常人的才智来向世人证明自己，因此他要创造新的奇迹。

乔布斯开始寻找新机会，这时他看准了早已启动的 Macintosh 计划。

1981 年春天，乔布斯开始为自己的 Macintosh 团队招兵买马，他招募成员的一大标准就是要对产品充满激情。其实，早些时候，尤其是在乔布斯全力投入“丽萨”项目时，他对 Macintosh 计划是持反对意见的。但是，乔布斯的反对并没能阻止董事会通过这个方案。当“丽莎”项目已回天无术后，乔布斯又转而支持 Macintosh 计划。虽然该项目组成员不希望乔布斯加入，但无人能阻止他。乔布斯想控制一切，想控制所有的人、所有的过程、所有的细节，使一切都按照他的意图和想法往前走。也正是乔布斯的控制欲，使 Macintosh 计划得到了保护，并为之争取到足够的资源。

乔布斯想让 Macintosh 机变成自己心目中的机型，他几乎参与了 Macintosh 机的每一个部件、每一套程序的研制过程。

1984 年，苹果公司成为美国发展最快的计算机公司，拥有约 4000 名员工，资产超过 20 亿美元。但由于乔布斯的经营理念过于激进，再加上 IBM 公司推出的个人计算机抢占了大片市场，苹果公司的总经理和董事们便把这一失败归罪于创始人乔布斯。

1985 年，乔布斯被董事会炒了鱿鱼，不得不离开苹果公司。

经过短暂的迷茫期，乔布斯决定创办一家完全属于自己的公司，他要向全世界的所有人证明：乔布斯是不会轻易认输的！

俗话说，“是金子放在哪里都会发光”，乔布斯便是金子。从哪里摔倒就从哪里爬起来，乔布斯决定把眼光放在他的老本行——计算机领域，在一个熟识的领域更容易东山再起。

乔布斯的新公司在发展初期，和苹果公司一样将主要精力放在了计算机技术和硬件上，并且很快研发出了一款NeXT计算机。这款计算机虽然外形精致，但结构过于封闭，且价格昂贵，所以和“丽萨”遭遇的市场境况差不多，没有得到人们的认可。

最后，乔布斯终于意识到，无论他多么努力，投入多少资金，都很难再创造出另外一个苹果公司了，苹果公司只能有一个。经过再三衡量，乔布斯决定将NeXT公司的硬件业务卖给佳能公司，放弃他最钟爱的硬件部门，把以后的精力主要集中到销售和软件系统上。

相对于在硬件市场上的失败，NeXT研发的软件产品Nextstep却受到了客户的追捧。乔布斯凭着对技术的精准把握，NeXT公司顺利完成转型，在软件系统方面取得了巨大的成功。

心高气傲的乔布斯当然不会满足于经营NeXT这样一个小公司。一有机会，他便会扩大自己的领地。乔布斯就是这样一个人，永远都在想着如何超越自我。

1986年，乔布斯花1000万美元收购了Lucasfilm旗下Emeryville的电脑动画效果工作室，并成立独立公司皮克斯动画工作室。随着3D技术的不断发展，皮克斯公司也朝着3D电脑动画方面进发。1995年，皮克斯曾推出全球首部全3D立体动画电影《玩具总动员》。由于后来乔布斯回归苹果，没有太多精力经营苹果以外的事情，皮克斯于2006年被迪士尼收购，乔布斯也因此成为迪士尼最大的个人股东。

1997年的一个周末，乔布斯显得忧心忡忡、进退维谷。那么，是什么让一向独断专行的乔布斯这般忧心呢？原来，在乔布斯离开苹果公司的12年间，公司发生了翻天覆地的变化，几近到了破产的边缘。于是，苹果公司的董事会决定邀请乔布斯重返苹果掌舵。

从情感方面来说，乔布斯当然希望重新接管苹果公司的最高权杖，那毕竟是自己一手创建的高科技王国，那里的每个角落都流淌着他亲自赋予的创新血液。虽然离开了12年，但只有他自己知道，他的心从未真正离开过苹果。让他放弃出任苹果CEO的机会，就像劝说一位画家烧掉自己所有的画作一样艰难。

但是，经过了12年，今天的苹果还是当年那个他熟悉的苹果吗？ 12年来，乔布斯一直注视着这个自己一手创立的公司。他知道，公司的经营虽然有过起色，但总体上还是在走下坡路。先后三任CEO都没能扭转局面，最后都不得不引咎辞职。虽然乔布斯在半年前已经作为苹果计算机公司的顾问短暂回归，但再次出任CEO可是非常严肃的事情，并非纸上谈兵那样简单。他深知，当时公司产品线混乱，市场营销乏力，销售持续低迷，员工士气衰颓，如果再次掌舵，很难力挽狂澜。而且，这12年来乔布斯已经为自己在苹果公司之外开拓了一片足够自由的天地，已经奄奄一息、濒临破产或被收购的苹果公司，是否值得自己重新回归呢？

还有，大家都知道乔布斯是个性情中人，他虽然有魄力，有能力，但他却是个“记仇”的人。12年前，当苹果公司的董事会与乔布斯彻底决裂后，他就像个无助的孩子，愤怒、迷茫、痛心，甚至不知道该何去何从。这对向来高傲的乔布斯来说，无疑是向他胸口捅了一刀。当初创办NeXT时，他也是想通过再一次创业来证明自己的能力，他想让苹果的董事会认识到，当初把他抛弃是个天大的错误。

迷茫和纠结过后，乔布斯终于有所行动。他通过朋友和媒体放言，暗示自己才是苹果 CEO 的不二人选。

1997 年 8 月 6 日，苹果公司宣布乔布斯进入董事会，出任公司董事。同时，包括甲骨文公司的拉里 • 埃里森在内的多名新成员进入董事会。9 月 16 日，苹果公司正式公开任命乔布斯为公司临时 CEO。

曾一手创建苹果公司的乔布斯，终于在离开 12 年后，重新接管了这艘在沉没边缘挣扎的巨轮。对于该如何拯救苹果，也许乔布斯心中早已有数。

投入百分之百的工作激情

乔布斯终于回到了梦开始的地方，但此时的苹果公司已经面目全非。为了尽快扭转苹果公司的局面，乔布斯投入了百分之百的精力，对苹果公司的热情有增无减。他每天工作 15 个小时以上，下定决心要拼尽全力挽救他的初创公司。他深知，当下苹果公司需要的是彻底的变革，全方位的变革。

令乔布斯欣慰的是，苹果董事会的成员终于认识到当年“踢走”乔布斯的决定是错误的，这一次，他们一致赞同乔布斯的决定，给了乔布斯充分的自主权。同时，回归后的乔布斯在工作上表现得非常主动，虽然他桀骜不驯的性格依旧，但他在为人处世方面却改变了很多，他经常走出办公室与中低层员工交谈，询问他们对公司或产品有哪些看法，这在以前是从来没有过的。

看到乔布斯如此，董事会成员感到非常满意。他们也越来越相信，乔布斯才是带领苹果公司实现命运转折的唯一人选。

自从 1985 年乔布斯离开苹果公司后，苹果公司的产品线越来越长，乔布斯知道，这对苹果公司的实际业绩提升并没有多大帮助，反而会离核心业务越来越远，不能集中优势把自己的主业做大做强。如果把有限的资源分散开来，那么每一个产品都难以达到优秀。这就好比一个人哪门学科都涉足，却没有一门强项，这样的人虽说是全才，但门门不精，在竞争激烈的社会上是很难脱颖而出的。

乔布斯决定砍掉一些产品线，实施自己的优势战略，即将有限的人力、物力和财力都用在苹果公司最具优势的项目和产品上，打造具有足够竞争力的精品。

乔布斯以前掌管苹果公司时，除了听不进别人的意见外，还不喜欢与别的公司扯上关系。重新掌印后，乔布斯吸取了之前的教训，不再单打独斗，他决定让苹果公司走向外面更广阔的世界。

商场中有竞争，更有合作。乔布斯意识到，合作有时比竞争产生的效益更大。而且，合作的结果是双赢，竞争的结果可能两败俱伤。在拯救苹果公司的行动中，乔布斯采取了与其他一流公司，如微软等结成联盟的策略。而按照乔布斯以前的性格，这样的事情是不可能发生的。

之前，在是否要把股票奖励给员工这一问题上，乔布斯与沃兹尼亚克曾闹得不欢而散。沃兹尼亚克是个善良的人，从来不把钱财看得太重。他当初为了留住人才，甚至愿意把自己手中的苹果公司股票转让给同事。但是，乔布斯却表示反对，他认为权力很重要，应该用苹果的持股数量来牢牢把握住手中的权力，这也让很多员工对他有意见。但是，在这次重回苹果后，为了激励员工的士气，乔布斯将员工的工作业绩与股票、奖金直接挂钩。这也是乔布斯的一大改变。

当然，对工作严格要求这一原则，乔布斯一直在坚持。在他人看来，乔布斯还是有点不近人情，当员工的工作做得不好时他会马上批评，因此在工作方面，他依然是一位非常严厉的老板。

不可否认的是，虽然乔布斯有时候孤高自傲，但他的创新精神却是很多人不可比拟的。他是一位完美主义者，对完美的追求从来就没有改变过。有些公司的老板，当对公司内出现的种种不良风气感觉束手无策时，便会听之任之，但乔布斯却容不得员工有半点马虎，他会毫不犹豫地解雇工作不认真，执行不到位的员工。这一办法果然奏效，一段时间后，苹果公司又恢复了以前纪律严明的良好风气。在乔布斯的思想中，严厉的问责制度是产生完美产品和优秀人才的最好方式。

乔布斯又一次成了苹果公司大大小小项目的主宰者，不符合他设计理念的产品，他绝对不让上市，即使这个产品花费了再多的心血。乔布斯还直接参与了很多重要产品的开发工作。从最初的概念到最后的上市，其中的每一个环节、每一处细节，乔布斯都会严格把关。他知道只有这样，所创造出来的产品才会更加符合自己最初的设想。

1998 年中旬，凝聚了乔布斯大量心血的 iMac 正式推向市场。这款计算机风格独特，非常人性化。从设计上，该产品沿袭了苹果公司追求完美和大胆创新的理念。这是乔布斯一直提倡的，他用自己的人格魅力重新塑造了苹果公司的文化，已经失去灵魂的苹果公司，在乔布斯的带领下看到了希望的曙光。

因为 iMac 的完美和创新，一经推出便大受消费者的欢迎，六周时间内就卖出了超过 25 万台。此后三年，iMac 总计卖出了 500 万台。这一销量在当时简直就是一个奇迹。乔布斯再一次向世人证明了他的能力，苹果公司因为 iMac 的热销迎来了再次崛起的良机，乔布斯也再次成为人们崇拜的偶像。

在他人看来，仅用两年多的时间带领苹果公司顺利走出困境，重获生机，简直是一个不可能完成的任务，但乔布斯却做到了。乔布斯将自己的个性与苹果公司的运营完美地结合在一起，在外界看来——乔布斯就是苹果，苹果就是乔布斯。

2007 年 1 月 9 日，是最令人期待的一年一度的苹果 Macworld 大会。每年这个时候，乔布斯都会展示一些苹果公司将要面市的新奇产品。众多人翘首以待，今年会有什么惊喜呢？

当乔布斯的主题演讲进入尾声时，他向人们展示了一款取名“iPhone”的产品，这是一款结合了 iPod、手机和互联网通信设备等功能的产品，按乔布斯的说法就是“革命性的移动电话”。也就是说，苹果 iPhone 是一部手机版的 Mac 计算机，采用触摸屏控制技术的苹果 iPhone，整个机身只有一个按钮，技术遥遥领先于市场上的其他手机。

和乔布斯预料中的一样，苹果 iPhone 一经发布，便成了所有媒体的焦点，有关专家这样评价苹果 iPhone：“这是自贝尔发明第一部电话以来，最值得人们期待的一款移动电话。”的确，不管是当年还是现在，苹果 iPhone 都具有划时代的作用。

苹果 iPhone 正式推出后，人们沸腾了，掀起了一股购买狂潮。许多人为了能够在第一时间买到这款产品，在苹果 iPhone 发售前一天晚上便在零售店前排起了长队，足见苹果 iPhone 的火爆程度。其实，苹果 iPhone 系列的每款产品发售时都是如此，苹果粉丝们更是狂热地追随着苹果系列的新产品。

乔布斯自始至终都站在科技领域的最前沿。在他的领导下，苹果公司开发出的高科技产品款款都是经典，都透着乔布斯的智慧——简单、完美、随心所欲，这正是苹果公司的产品带给人们的感觉，也是乔布斯的终极追求。

创业课堂

2011年10月，乔布斯因病去世，他带着人们对他的热爱和好奇离开了这个世界，而关于他的神话，大家依然津津乐道。乔布斯有一句广为人知的名言，那就是“活着就为改变世界”。

乔布斯是一个非常有想法的人，一生都在为自己的想法付诸实践。他认为，有想法才会有激情，有想法才会有无穷的动力，有想法才会无所畏惧。天才的设想和孜孜不倦的创新精神，让他所创造的产品显得与众不同。乔布斯为我们树立了榜样，他的成功给那些正在创业路上彷徨的人提供了借鉴——创业者必须要有自己的想法以及奋斗目标，并为之付出努力，才能开启人生的巅峰之门，才会有改变世界的可能。

SILICON VALLEY
ENTREPRENEURIAL
THINKING

第 13 章

怎样让传统行业焕发生机

——Spotify 创始人丹尼尔·艾克的创业思维

时下，数字领域里的不少创业者都深深感到，只有打破传统束缚，才能拯救新兴产业。Spotify 创始人丹尼尔·艾克（Daniel Ek）便是一个敢于打破传统束缚的人，而他要拯救的是传统音乐产业。对于音乐产业而言，艾克有着明显的优势，在业内人士眼里，艾克成了音乐产业非常重要的人。当苹果公司收购 Spotify 的竞争对手 Beats 后，25% 的录制唱片收入都是通过 Spotify 这个渠道实现的。作为传统产业，要想求得长足的发展，还需要借助新兴科技这股强劲的东风，这是艾克给我们的答案。

兴趣与创业

很多时候，一个小小的兴趣往往会在一个人的内心生根发芽，最后长成茁壮的事业之树。丹尼尔·艾克的事业便得益于他的兴趣。

5岁那年，艾克收到了一把吉他，那是外祖父母送给他的。艾克的外祖父是一名歌剧演员，外祖母则是一名爵士乐钢琴家。从小受外祖父母的影响，小艾克对音乐有着特殊的感情。不久，他又收到了继父送给他的一台Commodore 20电脑。也许当时外祖父母和继父送给小艾克这两样东西时并没有考虑太多，也没有指望有朝一日艾克能在音乐和科技方面有所作为，但这却点燃了小艾克的兴趣之火。此后，艾克对音乐和科技情有独钟，并把两者结合在一起，创立了Spotify。

艾克不到10岁就能够编写一些基本代码，在他人看来，艾克有着和比尔·盖茨相似的天赋，家人对他的期待便是让他成为一位程序员。除了编写代码外，艾克还喜欢听MTV频道播放的音乐，很多时候，他都是在音乐的陪伴下编写着代码。

20世纪90年代是互联网的狂热期，各地尤其是硅谷的互联网公司像雨后春笋般崛起。14岁的艾克也投入到这一热潮之中，他已经能够自己编写一些大型程序了。当时，编写一个商务网站主页的价格是50 000美元，而他只收5000美元，这些程序多是艾克在学校的计算机实验室里编写的。为了能以量取胜，艾克还邀请了一批同龄伙伴，其中数学优秀的人接受HTML语言的培训，有艺术才能的人则接受Photoshop方面的培训。有了这些人的加入，艾克每月能净赚 15 000 美元，他用这些钱买了市面上所有的电子游戏软件，其中包括一款叫“金融帝国”的商业模拟游戏。

艾克是跟随互联网成长起来的第一代，对互联网充满着各种好奇，他买来了一些服务器，通过研究掌握了这些服务器的工作原理，他还试图了解所有与互联网有关的事情。后来，他向一些小公司提供网页托管服务，于是他每月又多出了 5000 美元的收入。对于一个只有 14 岁的孩子来说，每月 20 000 美元的收入是什么概念呢？只能说他是一个技术天才加商业天才。

在艾克 16 岁那年，谷歌成了很多年轻人向往的地方，艾克也痴迷于谷歌的发展速度，他希望能进入谷歌施展他的才华，于是申请了谷歌的相关职位，但最后谷歌却以“没有拿到学位的人不能录取”来回复他。虽然有些失望和难过，但艾克是一个不服输的人，被谷歌拒绝后他并没有自暴自弃，而是暗下决心，一定要创建一家自己的搜索引擎公司，按他的想法，他想证明给谷歌看，“拒绝艾克是一个多么愚蠢的决定”。

年轻气盛的艾克马上找了几个合作伙伴准备开发一款搜索引擎。由于没有做好充足的准备工作，更没有足够的资金来为研发保驾护航，很快，这个项目便失败了。创业失败后，艾克在一家叫做 Jajja 的公司谋得了一份优化搜索引擎的工作。虽然 Jajja 是一家小公司，但薪酬还不错，而且这份工作和他去谷歌申请的工作性质差不多。每次领到薪水，艾克会在第一时间购买服务器，以满足他的兴趣爱好。同时，他还会录下电视节目。其实，当时的他并不知道美国一家电视录制公司正在开发相似的业务。

不知出于什么原因，那个时期的硅谷创业人很多都是辍学生，艾克也加入了这一行列。高中毕业后，艾克进入瑞典皇家理工学院读工程学。入学 8 周后，他了解到，大一的第一学期主要以理论数学为教授重点，对于一个痴迷计算机的年轻人来说，这是多么难熬的半年啊！于是，他没有与任何人商量就从皇家理工学院退学了。

艾克相信，以他的技术和智慧，几年后他的名字一定能像“比尔·盖茨”一样被大家记住。辍学后不久，一家网络广告公司 Tradedoubler 给他发来了邀请，希望艾克为他们开发一个程序。这家总部位于斯德哥尔摩的公司，在艾克按他们的要求完成程序的开发后，于 2006 年向艾克支付了 100 万美元以购买该程序的使用权。

很显然，年轻的艾克成了百万富翁，但接下来瑞典的严冬和新一轮的经济萧条使这位年轻的百万富翁无事可做。为了寻求快节奏的生活，打发难熬的日子，他购买了一辆法拉利跑车，以及位于斯德哥尔摩市中心的一套三居室的公寓房，还去申请了该市一些最热门俱乐部的会员资格。然而，整天出入那些高级场所并没有给艾克带来满足感，相反，他越来越不知道自己的目标是什么，甚至不知道自己想成为怎样的一个人。

经过一段时间的挣扎，艾克卖掉了法拉利，搬出了豪华公寓，搬到一幢简陋的小木屋居住。在那里，艾克开始寻找已迷失的方向，他经常陷入沉思，或者弹吉他感受音乐带来的快感。当时，艾克已经有了三家自己的公司，这三家公司都是高科技公司，在当地也算小有名气，但此刻的艾克，却希望自己能成为一名专业音乐家。其实，艾克从小对音乐的天赋使他很早就学会了吉他、钢琴、鼓等乐器。

“如果能用某种方式把音乐和科技结合起来，那该多么令人兴奋啊！”隐居在森林里的艾克这样问自己。正是他的这样一个设想，促成了后来 Spotify 音乐软件的问市。

用音乐点亮科技

在所有领域中，科技都正在降低着文化创造和消费的门槛。以前，录制一张唱片必须要有乐队、得力的相关职员以及音乐工作室；而今天，一台计算机和一名歌手就能把以前极为繁琐的事情做好。这便是科技的力量。

隐居的那段日子，是艾克内心最为平静的时候。那段时间，他开始与先前合作过的网络广告公司 Tradedoubler 的董事长马丁·洛伦松来往。洛伦松是一个充满活力的中年人，他曾在硅谷的互联网搜索引擎公司 Alta Vista 任职，作为一名硅谷老将，他带领 Tradedoubler 公司于 2005 年上市，并从中净赚了 7000 万美元。当时，洛伦松已不再参与 Tradedoubler 公司的日常运作，和艾克一样，他迷失了方向，同样感到生活无聊且漫无目的。

就这样，艾克和洛伦松成了“志同道合”的朋友，他们俩整天黏在一起，窝在屋里看好莱坞大片，一起抱怨，一起欢笑。当时他们俩谁也没有想到，在不久之后，他们会成为创业中的合作伙伴。

在一起度过一段既难忘又无聊的日子之后，两个人开始考虑该怎样面对工作和生活。当两个人决定要合作时，并没有确定合作的方向，他们只知道，既然他们能像兄弟一样对待彼此，为何不合伙创业呢？

当时的 Tradedoubler 刚刚上市一年，洛伦松虽然很少过问公司的日常事务，但 Tradedoubler 毕竟是他奋斗过的地方，而且公司一直为他保留着职位。出于这些原因，艾克怀疑洛伦松不会离开 Tradedoubler，但他还是给洛伦松设定了一个期限，即一周内，洛伦松必须从 Tradedoubler 辞职，并且要转给艾克 100 万欧元作为初创公司的种子资金。

当时的洛伦松有足够的金钱，但他并不看重这些钱，同样对于艾克来说，有没有钱他已经不在乎了。在这种状态下创立的公司，盈利并不是主要目的，艾克和洛伦松在乎的是他们的产品是否具有颠覆性，是否走在了行业的前列。他们把音乐看作是创业的主要目标。

在互联网兴起的年代，音乐产业陷于低迷，虽然这个时候人们所听的音乐风格多变，音乐艺人也越来越多元化，但是音乐产业还是举步维艰。

创业公司的方向定了，还要给公司起个名字。两个人漫无目的地喊出了一些不知所谓的名字，然后到谷歌上去搜索是否已被命名。世界太大了，他们想到的很多名字都被注册过了。当洛伦松再一次说出一个名字时，由于二人喊叫的声音过大，艾克听错了，他把听错的名字“Spotify”键入到谷歌的搜索框，太好了，没有搜索结果，这就证明这个名字还没有被注册。如今，如果你在谷歌搜索引擎里输入“Spotify”，搜索的结果会超过 6400 万条。虽然这个名字并不朗朗上口，但艾克和洛伦松还是决定用它命名。

名字起好后，二人便开始制订网站发展计划。他们招募了几名工程师，制作了一款产品原型，这款产品是根据苹果公司 iTunes 的界面和艾克家那台造型优美的黑色款三星平面电视制作的。与很多网站不同的是，艾克不打算在与唱片公司签订协议之前推出 Spotify，而那些借助盗版音乐来为自己捞钱的网站则让艾克和洛伦松嗤之以鼻。

不过，艾克和洛伦松还是把事情想得过于简单了，按艾克的计划，Spotify 的目标是拿到全球音乐的版权，虽然有律师弗雷德 • 戴维斯的帮忙，但这一计划还是落空了。于是，艾克退而求其次，他把目标定为三个月内拿到欧州授权许可，但结果却用了两年时间才达成这一目标。

“万事俱备，只欠东风”，这股东风便是向各大唱片公司推销 Spotify。各大唱片公司的高管不断受到艾克及其团队的“侵扰”。据说，Spotify 可以免费让他们实现更多的销售。“天下哪有免费的午餐？”没有人对此信以为真，虽然他们都会说“再考虑考虑”，却没有一个人愿意做第一个吃螃蟹的人。

几经周折，Spotify 终于引起了唱片公司的注意，很多唱片公司表示愿意与 Spotify 签署协议。为了能获得音乐库的使用权，艾克和洛伦松承诺预付给唱片公司 100 万美元，再加上日常开销和员工的工资，Spotify 的资金很快耗尽，艾克和洛伦松急需风险投资人的资金，但是，没有一个风险投资人对他们的产品感兴趣。除了洛伦松投入的 100 万欧元种子资金，二人在 Spotify 上又投入了将近 500 万美元，他们已经赌上了全部家当，如果没有信念的指引，相信他们也不会走到今天。

功夫不负有心人。到 2008 年年底，Spotify 已经在英国、法国、西班牙等国家上线运营，而 Spotify 在美国上线运营则是三年后的事了。

艾克不但有明确的志向，还有毅力，正如 Spotify 董事会成员、Facebook 前首席执行官肖恩·帕克说的那样：“艾克是我见过的唯一一位对唱片业寄予理想目标的高科技企业家，而且他有耐心去实现这一目标。”艾克非常有耐心，他从来不会因面临着巨大的压力而泄气。这种沉着镇定的性格有助于控制混乱的局面。

艾克喜欢沉浸在音乐的那种静谧里，再加上性格内向，即使 Spotify 在英、法两国上线运营，艾克也总是保持低调，而在 Spotify 成功进入美国这个盖茨、扎克伯格及乔布斯的狂热崇拜者聚集的国度后，则要求艾克必须从程序员转变成宣传者。因为只有对 Spotify 进行广泛宣传，使之产生轰动效应，并使各大唱片公司成为 Spotify 的合作伙伴，Spotify 才能规模化地向前发展。

虽然 Spotify 成立之初没有风险投资者愿意为其投资，但当 Spotify 飞速发展后，投资者便开始找上门来，根本不需要艾克去拉拢或是投其所好，这其中包括李嘉诚、肖恩·帕克和一些风投公司。到 2014 年夏天，Spotify 的估值高达 40 亿美元，艾克和洛伦松的身价都达到了数十亿美元。

用信念拯救传统产业

在 Spotify 运营之前，唱片产业曾经有两次颠覆性事件。一次是 20 世纪 90 年代，肖恩·范宁和肖恩·帕克创立音乐下载网站 Napster，虽然 Napster 后来因侵权被迫关闭，但其对艾克的影响很大。Napster 是一个免费、快速和没有任何限制的网站，通过它，你可以找到自己想听的歌曲和喜欢的歌手。另一次是随着 Napster 的关闭，唱片这个传统产业又进入了惨淡期，这时苹果公司发出了一记重拳，推出 iTunes。经过时间的验证，苹果公司的这一意在拯救唱片产业的做法无疑是给急剧衰退的唱片产业雪上加霜。于是，唱片产业急需创造出足够吸引用户的东西，同时提供一套可持续的盈利模式，而 Spotify 的诞生便是应了这一要求。

随着 Spotify 知名度的提高，Facebook 也加入到与 Spotify 的合作之列，二者实现了互相嵌入。在 Facebook 上，数十亿首可分享的音乐便是 Spotify 的功劳。自从与 Facebook 签署合作协议后，艾克便派了 5 位工程师进驻 Facebook 总部，花费了近一年的时间完善 Spotify 的应用程序。艾克认为，只有与科技紧密结合在一起，传统唱片产业才能找到更好的出路，而 Facebook 是最大的社交网站，无疑是最好的选择。

Spotify 的成功完全取决于音乐曲库，然而一些乐队却并没有与 Spotify 合作，甚至拒绝给 Spotify 新专辑的使用权，其中包括英国酷玩乐队、美国黑键乐队等。而且，Spotify 对音乐的使用许可权并非是永久的，艾克必须拥有足够的现金流才能防止唱片公司要求更高的版权费或完全退出。为此，Spotify 不得不向四大唱片公司——华纳、环球、百代、索尼和独立唱片公司联盟 Merlin 让出股份，以此来保障他们与 Spotify 的长期合作。

尽管艾克做出了巨大让步，但仍不足以完全满足合作方的要求。所以，艾克意识到，只有改变权力格局，把 Spotify 打造成一个主导全球音乐的资源库，才能扭转这种不利局面。

目前，Spotify 的收入主要来源于广告费和订阅费。Spotify 的活跃用户人数已经超过 2400 万人，付费用户则超过了 600 万人。在 Facebook 网站上，Spotify 已经成为非常流行的应用之一。

2014 年，谷歌宣布推出 Google Music 服务，这是一种与 Spotify 类似的订阅服务。虽然增加了竞争对手，但并没有使 Spotify 受损，通过对这两项服务的对比，反而给 Spotify 带来了福利。

拯救音乐行业并非一时就能解决，而需要很长的一段路要走。对此，艾克觉得他肩上的责任越来越重，但对于从小就热爱音乐的艾克来说，他会竭尽全力去拯救。艾克认为，一个全新的时代正要来临。在那里，人们不必考虑自己该听什么样的音乐，相关技术会根据人们身处何地来为其选择歌曲。例如，当人们身处健身房或地铁站时，手机会探测其所在的位置，然后播放那些人在运动或上下班路上喜欢听的歌曲。

未来音乐行业将会发展成什么样子呢？谁也不能判定，只能是预测，但艾克相信，音乐这一传统行业一定会长久不衰，因为未来会出现很多像他一样拯救这一行业的人。

创业课堂

Spotify的目标并不是单纯的音乐播放器，而是旨在创建一个完整的音乐生态系统。与以前的先行企业不同，Spotify从一开始就具有社交网络的功能，为客户提供与朋友分享音乐播放列表的工具，与科技的密切相连正是它得以流行的主要原因。此外，传统行业必须与时俱进，而不能固步自封，拿音乐产业来说，如果依然按照以前的模式发展，势必会自掘坟墓，音乐产业只有借助现代科技的力量，才能实现质的飞跃。当前，你所处的行业是什么呢？在衣食住行等众多传统行业中，还有无数的机会等待着挖掘，而一旦将传统与时代相结合，就极有可能创造出新的不可思议的伟大产品。

SILICON VALLEY ENTREPRENEURIAL THINKING

第 14 章

创业者为什么要转型为管理者

——Tumblr 创始人大卫·卡普的创业思维

如果把 Facebook 比作互联网的电话簿，把 Twitter 比作互联网的新闻通讯社，那么大卫·卡普（David Karp）建立的 Tumblr 便是互联网的画布。和乔布斯一样，卡普崇尚简单，对卡普来说，极简主义并不仅仅是一种审美选择，它更是自由的关键。在别人看来，Tumblr 是博客和社交网络的双重革命，是一种新的交流工具，但卡普看到的却是更加简易和直观的可能性。有人说，没有了卡普的 Tumblr 便不再是 Tumblr 了。这种说法也许是对的，没有卡普的极简理念和简单的管理方式，便没有 Tumblr 的非凡成就。

走在路上的“纽约客”

大卫·卡普是个害羞、对年龄敏感的地道“纽约客”。在学校里，他是一名出类拔萃的学生，但这并没有使他安于现状。11 岁时，这个痴迷于互联网科技的少年开始自学编程，在进入美国老牌精英学校纽约布朗克斯科高中后，卡普对计算机更加痴迷。

卡普的母亲是位教师，她知道孩子需要更多的途径来追求自己的兴趣。于是，她想做些什么，以对儿子的兴趣爱好有所帮助。当时，她有一位叫弗雷德·塞伯特的朋友是从事互联网工作的，塞伯特不但自己经营着一家动漫制作公司，而且长期担任音乐电视网和汉纳—巴伯拉工作室的高管。

“卡普对计算机很感兴趣，他能到你那儿看看吗？”当卡普的母亲说明来意，塞伯特爽快地答应了。

卡普参观完塞伯特的公司之后，有一天，他对塞伯特说：“我以后可以每天都来这里了，我将在家里接受教育。”那个时候，他觉得高中的生活并不是他想要的，他想以后去麻省理工学院求学，硅谷的很多知名大亨都出自那里，麻省理工学院是计算机工程师的最佳摇篮。在分析麻省理工的招生统计数据之后，卡普认为，与其在高中继续按部就班地学习，不如退学去学点实际的知识。于是，从高中退学后，卡普便成了塞伯特公司的常客。

17 岁那年，卡普只身前往日本，虽然他只能讲一口不熟练的日语，但他希望自己出众的编码技术能够得到认可。为了使自己的技术更专业，卡普参加了几周的编程特训，随后，这个纽约客又做出了一个重要的决定，他带着一堆合同从日本回到美国，并在曼哈顿开始创业。

一个人有天分是创业的有利条件，但光有天分还不够，后天的一些因素也必不可少。对卡普来说，他年轻稚嫩的外表给他的创业之路带来了诸多不便。一段时间里，他总是避免与人面谈，而打电话时，他尽量装得很沉稳，把音调压低，让别人以为自己是一个比较成熟的中年人。在卡普看来，年轻是他创业的一个劣势，但他也知道，那也是他的优势之一。外出时，他尽量把自己打扮得老气一些，有时，还会隐瞒年龄、夸大团队规模以及虚报经历等，后来每当回忆起这些，卡普都觉得自己不够诚实，并一直为此感到很难为情。

2006 年，卡普创办了一家名叫 Davidville 的咨询公司，维亚康姆公司便是 Davidville 的客户之一。但是，卡普的兴趣并不在 Davidville 上。一天，卡普突然产生了强烈的欲望——希望把自己的想法写进博客里，但当他坐到计算机前时，却一个字也写不出来。他对文字并没有多大兴趣，他感兴趣的是把文字写进博客里的这种形式。他多么希望能将自己的想法与人分享啊！尽管他为之努力了三个月，但仍旧摆脱不了文字的折磨。

后来，卡普为塞伯特的公司建立了一个博客平台，在这个博客平台上，能多个用户一起交流。虽然塞伯特和其他人都对此赞不绝口，卡普却并不满意，当塞伯特意识到卡普所追求的已经超出了自己所认知的范围后，他把卡普推荐给了自己的投资人之一——星火风投公司的毕扬 • 萨贝特（Bijan Sabet）。

卡普曾向萨贝特展示过一款他设计的应用程序，那是一款可以令创建和分享各种信息变得超级简单的程序，即后来的 Tumblr（轻博客）原型。萨贝特不禁感叹：“我从来没有见过如此完美的设计。”

Tumblr 是 2007 年卡普在母亲位于纽约的公寓里创建的，但当时卡普只是把它当成一个能让自己生活更美好的工具，并没有想利用它获利。当卡普决定创立公司时，塞伯特拿着风险投资条款说明书给卡普看，由于投资金额过大，卡普竟然不能接受。通常，创业者都希望得到高额的资金，但卡普却因数额过大而产生很大的压力，当投资金额减少到 75 万美元时，卡普才答应接受。

不过，卡普并不是轻博客这一博客类型的首创者，在 Tumblr 之前，已经有两家轻博客网站，即德国人克里斯·诺伊基创建的 Anarchaia 和美国人马塞尔·莫利纳创建的 Projectionist。受到启发后，卡普将两个网站的优点进行整合，增加了一些新的内容，然后把原本小众的轻博客介绍给了大众。

当年的 10 月，Tumblr 推出第一个私人客户端，上线两个星期后，用户便达到了 7.5 万人。

在 Tumblr 成立的第一年，它只是一个由两人组成的工作室。随着用户基数接连攀升至六位数、七位数，Tumblr 网站越来越频繁地出现稳定性等问题，产品的修复和改进也遭遇到前所未见的瓶颈。通过分析，没有预先组建一个规模庞大的工程师团队是造成这一结果的主要原因，后来，Tumblr 录用了很多有初创公司经验的工程师，这一问题便迎刃而解。

硅谷是高科技人才聚集的地方，是很多人向往的风水宝地，但卡普却多次拒绝将公司迁往硅谷。因为他不想被苹果、谷歌和 Facebook 这样的大公司将自己优秀的工程师挖走。2013 年，Tumblr 以超过 10 亿美元被雅虎收购。

美国媒体曾称 Tumblr 是当时最酷的网站，但这样一家炙手可热的公司却一直没有成型的盈利模式。2012 年 2 月，Tumblr 推出“花费一美元高亮显示特定内容”的服务，这似乎是 Tumblr 涉足广告的唯一预兆。随后，对广告嗤之以鼻的卡普在一份公开声明中说：我们一直致力于给广大客户和用户提供美妙的体验，因此我们尽力把每一款产品做到最好，我们也希望寻找到有相同远见的广告客户。

用简单诠释经典

和乔布斯一样，卡普也追求简单，追求完美，追求经典。

相对于 Facebook 和 Twitter，Tumblr 更加感官化和情感化，它是照片、歌曲、圈内笑话、动画和虚拟贺词汇聚成的漩涡。而用来创建这些多媒体博客的工具非常简单：七个让你一键添加文本、照片、链接、视频、音乐、对话或引文的按钮。

正是这样简单的操作，使得 Tumblr 能够击败微软公司的必应搜索 (Bing)，跻身全球十大网站，吸引着将近几亿的访客。

卡普一直都是这样，用简单创造着经典。

卡普的住所里是极为简单的。空荡荡的房间与偌大的面积很不相称，一间简朴的卧室，一组半空的衣柜，一张沙发和一台电视机的客厅。卡普的搭档马克·阿蒙特说："他好像只有几样东西，他总是寻找各种办法摆脱繁杂。"

对卡普来说，极简主义不仅是一种审美选择，更是自由的关键。每当外出旅行时，他总是携带最轻便的行李。卡普曾这样调侃说："我幻想着能像杰森·伯恩或詹姆斯·邦德那样的顶级特工一样无拘无束地行动。"对那些背着重重行囊的人他很是不理解，"为什么非得给自己如此大的压力呢？"这样看来，他当年因风投资金过多而拒绝接受投资是有一定思想根源的。

卡普从没想过把 Tumblr 装点得花里胡哨，当别人认为 Tumblr 已经成为新的交流工具时，卡普却从中看到了将其变得更加简易和直观的可能性。对于乔布斯设计的苹果手机一键式的模式，卡普是极为崇拜的。

卡普凭借着独特的创业思维向世人证明了或正在证明着三件事：Tumblr 可以继续保持增长、Tumblr 能够实现盈利，以及大卫·卡普这位富有创造力的天才和典型的极简主义者是领导 Tumblr 走向辉煌最合适的人选。

2012 年，飓风“桑迪”袭击了美国东海岸，纽约大型数据中心遭受重创，《赫芬顿邮报》网、Gawker 和 BuzzFeed 三家网站受影响而瘫痪，它们最后选择将 Tumblr 作为临时信息发布平台。此时，好莱坞也注意到了 Tumblr 的存在，其中三部电视剧集的灵感均来自 Tumblr 上的精华帖……

性格内向的卡普从来没有想到 Tumblr 会有今天的发展局面。从某种程度上说，卡普从未有过这样的期望。他只是一直在做自己喜欢的事，而不是想着把 Tumblr 做大并以此来盈利。但随着 Tumblr 的日益发展，盈利迫不及待地被提上日程。那些兢兢业业的工程师们，那些为 Tumblr 投资的风投专家们，不可能只为了爱好而不要生活。终于，曾经对广告不屑一顾的卡普在 2012 年 5 月同意在 Tumblr 上出现广告，当年便获得了 1300 万美元的营收。

对于卡普来说，赚钱不是一个迫切的问题，而且他相信，Tumblr 的营收会一年高过一年。事实证明卡普的想法是正确的，否则雅虎也不会以越过 10 亿美元的高价收购 Tumblr。

投入雅虎的怀抱

Tumblr 与雅虎的联姻看上去是一段美妙的童话。

2013年5月，雅虎以超过10亿美元的价格收购了Tumblr，为了激励大卫·卡普的这一大师之作，雅虎决定额外支付给这位“艺术家”近1亿美元。Tumblr被雅虎收购，对于卡普来说并非是创业的结束，而是一个新的开始。

Tumblr刚成立时只有卡普一个人，而且很长时间内都只有他一个人。因为年轻，卡普对自己的管理能力很是怀疑，于是，当Tumblr走上正轨后，他聘请了他在UrbanBaby时的上司约翰·马洛尼担任Tumblr的首任总裁。卡普喜欢的是计算机科学，而不是办公室政治，所以多年以来，Tumblr里的大部分商业事务都由马洛尼主管。到2013年，Tumblr公司的员工已经接近200人。对于不喜欢与人打交道的卡普来说，管理如此多的人太令他费脑筋了。

在聘请越来越多的高管到Tumblr后，马洛尼认为自己已经完成了他的历史使命，向公司提出辞职，卡普不得不接过马洛尼的重任。卡普擅长的是程序编码而不是管理，他开始失眠，他的脑海里总是充斥着公司团队的琐事，他时刻都在想：“我是一个合格的领导人吗？我给员工们营造和谐的工作氛围了吗？”这是卡普最不愿意面对的，他开始寻找一位更厉害的“马洛尼”式人物来管理公司，而他，只想专注于产品战略和公司愿景。

收购Tumblr后，雅虎致力于把Tumblr打造成一个赚钱机器，这显然不是卡普的强项。在被雅虎收购之前，Tumblr从高朋网挖来了李·布朗担任公司的销售主管，主要工作是拉拢像通用电气、AA美国服饰等这样的赞助商，而这些公关及外联工作都是卡普的弱项。

从创业者转型为管理者并非一件易事，一名合格的管理者应做到以下几点。

1. 选择正确的管理方式

一个管理者的管理方式并不是在任何场合都是有效的。对于部分员工来说，你的管理方式可能对他们很合适，在你的管理下，他们可能会快速成长。但是，如果你想要整个团队都茁壮成长，就应该精通不止一类管理方式。而且，你要学会在企业不同的发展阶段转换管理方式。

2. 激发员工对工作的兴趣

据调查，员工敬业度是衡量生产力的一个关键因素，让员工对工作产生兴趣，是令员工融入企业的重要保障。不过，只有针对每个员工量身定做相应的职业规划，这一兴趣才会最大限度地变成生产力。

3. 学会解决冲突

企业难免存在内部冲突，尤其是跨部门冲突，这时，管理者要了解各部门的目标，关注怎样做才对企业最有利，而且要把企业品牌的完整性放入每个人和部门的工作目标中。

4. 弄清相关人员责任

当你从一名创业者转变为管理者时，你只要把自己的期望适时传达给员工，并定期检查，以确保你们之间意见一致便可以了，而并不需要事必躬亲。你可以派专人负责专项事务，也可以以身作则成为员工的榜样。

如果你能做到以上几点，那么你就能随时从创业者过渡到一名合格的管理者。

创业课堂

在学习如何成为 CEO 的过程中，卡普犯的错误越来越少，这与他有一个值得信赖的后援团队是分不开的。创业时期，如果你真的感到自己力不从心，对管理者的身份不能胜任，你也可以像卡普管理 Tumblr 那样，聘请一个有管理能力的人员；或者，找到可以在背后指导和支持你的管理导师，并不断地学习和改善，努力成为一名合格的管理者。总之，我们切不可把权力看得过重，对权力不愿放手，否则会因为管理不善而使公司错失发展良机，最终在竞争中落败。

SILICON VALLEY ENTREPRENEURIAL THINKING

第 15 章

挑选合适的管理者

——英特尔领导者安迪·格鲁夫的创业思维

安迪·格鲁夫（Andy Grove）从来没有把自己看作是英特尔的创建者，但正是因为有了格鲁夫这位得力经营者的鼎力支持，英特尔的成功才被人们赞誉为梦幻般的传奇。他不但使英特尔成为半导体行业的典范，还缔造了竞争者难以模仿的英特尔模式，格鲁夫给英特尔打上了自己不可磨灭的印迹，在他领导英特尔的数年间，公司每年返还给投资者的回报率平均都在 44% 以上。格鲁夫，就是一个创造历史的人。

只有偏执狂才能生存

《只有偏执狂才能生存》是安迪・格鲁夫在 1996 年出版的一本书，而书名正是格鲁夫一生奋斗的写照。

安迪・格鲁夫 1936 年出生于匈牙利的布达佩斯，成年后为躲避战乱辗转到达纽约。当时的格鲁夫不会讲英语，口袋里也只有 20 美元。在纽约这样的大都市，格鲁夫似乎难以生存。

命运是一个能伸能屈的家伙，如果你强，它便弱；反之你弱，它便会让你无立足之地。格鲁夫是一个不肯认输的人，不会英语，可以去学，没有钱，可以去挣，人，总不能屈服于命运。于是，他开始自学英语。三年后，格鲁夫不但能说一口流利的英语，而且还靠当侍者挣一些钱来支付自己的学费，并以第一名的成绩从纽约州立大学毕业，获得了化学工程学位。

格鲁夫曾说，他的那段日子就像生活在夹缝中，而他则把这条夹缝走得越来越宽。又过了三年，格鲁夫在加州大学伯克利分校获得了博士学位。大学毕业后，格鲁夫便与英特尔的两位创始人戈登・摩尔（Gordon Moore）和罗伯特・诺伊斯（Robert Noyce）结下了不解之缘。当时，格鲁夫被摩尔和诺伊斯创办的仙童公司录用，仙童公司是世界上第一家半导体公司，这正是格鲁夫所研究的专业，在这里，他的所学得到了发挥，担任实验室副总监的职务。

仙童公司是在 1957 年创立的，1965 年时，摩尔曾在总结芯片的发展规律时提出了著名的“摩尔定律”。摩尔和诺伊斯都是具有叛逆精神的一代人，他们体内的不安分因子使二人在1968年脱离了仙童公司，并在加利福尼亚州创立了一家新公司。公司创立后不久，他们便斥资1.5万美元从一家叫intelco的公司那里买下了Intel名称的使用权。此后，Intel便开始了在IT行业传奇般的历程。

由于当时的格鲁夫在仙童公司表现出色，摩尔认为他是一个深具潜力的人才，便举荐他担任英特尔研究和开发部门的总监。格鲁夫的能力在这段时间得到了更好的展现，并获得了两位创始人的认可，1976年格鲁夫成为英特尔的首席运营官。

虽然格鲁夫并不是英特尔的创始人，但他却是在英特尔创立的同一时期加入到这个团队的。而且，格鲁夫在英特尔从始至终都担任着重要的角色，在摩尔和诺伊斯眼中，格鲁夫早已成为他们的合作伙伴了。当然，这也是格鲁夫应得的。

1971年11月15日，这一天是全球IT界具有里程碑意义的日子——英特尔推出了世界上第一台微处理器Intel 4004。1974年，英特尔又推出第二代微处理器，该处理器刚一推出便在业界引起了轰动。随着微处理器的优势得到业内的认同，更多的公司开始进入这一领域，竞争变得异常激烈，Fairchild、美国国家半导体公司、摩托罗拉等公司都想与英特尔分一杯羹。当时，摩托罗拉以其大名鼎鼎的MC6800芯片与英特尔分庭抗礼，这使很多英特尔的用户都开始倒向摩托罗拉。为此，格鲁夫带领着英特尔采取了一系列的应对措施。

1979年，格鲁夫向英特尔内外宣称，一定要在一年内从摩托罗拉手中抢到2000家新客户。结果，英特尔胜利了，不仅实现了这一目标，而且还超额了500家，其中就包括IBM公司。IBM本来打算采用摩托罗拉的芯片，但在格鲁夫的游说下，再加上一些内外部原因，最后还是决定采用 intel 8088 芯片，由英特尔承担了这项光荣的使命。如果没有这笔交易，后来的芯片市场很可能就由摩托罗拉来一统天下，而不是英特尔了。

随着个人计算机的流行，英特尔开始名扬四海。

格鲁夫把英特尔定位为一个存储器公司，但这时日本产的存储器以惊人的低价对英特尔造成了威胁。这种削价战使英特尔随时有被挤出存储器市场的可能。当英特尔连续六个季度出现亏损时，所有人都开始怀疑英特尔是否能生存下去，英特尔内部也人心惶惶。

1985 年的一天，格鲁夫与英特尔董事长兼首席执行官摩尔谈论公司的困境，当时，英特尔已经在漫无目的徘徊中度过了一年，看到这一情况，格鲁夫建议放弃存储器的生意，摩尔却犹豫不定。

在所有人的眼中，英特尔就等于存储器，假如没有了存储器业务，英特尔该如何生存下去呢？最后，摩尔还是选择了相信格鲁夫，决定让格鲁夫放手一搏。

说做就做，有了摩尔的支持，格鲁夫力排众议，顶住英特尔内部的层层压力，果断砍掉了存储器生产，而把微处理器作为新的生产重点，英特尔转型为微型计算机公司。到目前为止，英特尔的微处理器被装进了世界 80% 以上的 PC 机。事实证明，格鲁夫当初的决策何等英明。到了 1992 年，微处理器的巨大成功使英特尔成为世界上最大的半导体企业。

有人认为格鲁夫偏执，但是，如果没有格鲁夫的偏执，没有当年的壮士断臂，而是死抱着存储器不放，英特尔哪会有今天的辉煌成就？

《只有偏执狂才能生存》是一本很有思想见地的书，格鲁夫在这本书中通过亲身经历，用事实加上逻辑严密的说理，详细阐述了作为企业的管理者在面对复杂多变的竞争环境时，应当如何去发现并处理好战略转折点，为企业带来新的发展生机。

格鲁夫在书中写道："我笃信'只有偏执狂才能生存'这句格言。在管理企业中，我更相信偏执万岁。眼光超前，果断行动的公司才是将来能影响工业结构、制定游戏规则的公司，也只有这样，才有希望争取到未来的胜利。"

拖着计算机业往前走

自从 1987 年格鲁夫接任英特尔总裁以来，英特尔公司每年返还给投资者的回报率平均都在 44%以上。这不能不说是一个商业奇迹。

在格鲁夫的带领下，英特尔平安渡过了多次磨难，这与格鲁夫超凡的领导才能密不可分，也许真像他自己所说，在这个行业里，他有一种预见今后 10 年的超能力，这样，他才会拖着计算机业往前走，而不是尾随。

为了能使英特尔在竞争中立于不败之地，1990 年左右，格鲁夫开始推动英特尔从计算机行业的追随者变成领导者。为了确保英特尔在五年内继续保持良好的发展前景，格鲁夫绞尽脑汁想把 PC 机变成人们生活中最离不开的家用电器，按照格鲁夫的梦想，不久的将来，每一个人都能用计算机看电视，用计算机编辑保存家人的照片，或是通过视频与家人、朋友、同事保持经常联系等。虽然这个梦想在那个年代会被看作痴人说梦，但从现在来看，格鲁夫的梦想成真了。否则，英特尔的发展战略就会全盘崩塌。

1991 年，格鲁夫在 Comdex 计算机展示会上向人们展示了一台 PC 笔记本电脑是如何通过无线网络接收电子邮件和图形资料的。当然，这台笔记本电脑里配有 PCI 总线和英特尔的非凡芯片。当时，Dell、IBM 以及其他计算机公司都纷纷当场与格鲁夫洽谈。格鲁夫意识到，英特尔的领袖形象将会成为竞争中制胜的关键。从那以后，英特尔开始涉足计算机设计领域，从而推动了整个行业的发展。1993 年，英特尔开始生产主板，虽然康柏和其他 PC 厂商很是愤怒，但他们却无力阻止这个巨人的脚步。随后，英特尔又进入网络业，开始生产网卡，因为格鲁夫知道离开了快速而便宜的网络，人们便不愿意购买英特尔提供的更加快速的微处理器了。要想依然在这一行业成为领导者，就必须与时俱进。

对英特尔来说，其他竞争者永远无法追赶的是英特尔能数以百万计地生产同一种档次的微处理器。格鲁夫带领着英特尔以超强的速度拖着计算机业向前进发。在 1996 年 11 月的 Comdex 计算机展示交易会上，格鲁夫满怀信心地向在场的 7000 名与会者描述了 2011 年英特尔芯片的样子，英特尔又一次走在了竞争者的前面。

然而，有一种威胁一直困扰着格鲁夫，那就是价格。第一批出厂的芯片，每块售价大约在 1000 美元左右，随着产量的增加，价位降到了大约 200 美元。在当时，即使如此，英特尔的芯片还是贵得让 PC 制造商们感到了压力。格鲁夫也意识到，200 美元的价格无法维持太久，随着其他竞争对手在技术上的推进，他们肯定会以低于英特尔的价格倾销他们的产品。当然，那个时候英特尔也会降价，但必须要开发新型芯片，否则便不能在新的一轮竞争中继续获取高额利润。为此，格鲁夫在俄勒冈州的希尔斯伯罗建立了英特尔体系结构实验室，甚至使英特尔变成了一家风险投资公司，其中英特尔拥有 50 余家公司的股票。

也许，格鲁夫在践行着他的那句话：只有比别人快一步，才有希望争取到未来的胜利。

不拘一格选人才

人是人类一切活动的主体，企业活动也不例外。一个企业的兴衰在绝大部分情况下都与人才得失休戚相关。

英特尔公司从其成立的第一天起，甚至在其成立之前，便把网罗人才、留住人才作为英特尔的重中之重。这从英特尔成立时，摩尔邀请格鲁夫加入就能窥之一二。在技术创新、产品开发、企业管理和营销等诸多方面，英特尔都聚集了当时非常优秀的一批人才。正是因为有了这些技术人才和管理人才，英特尔才会出现一系列领先群伦的新产品，以确立英特尔芯片的霸主地位。而英特尔公司之所以有这样一支优秀队伍，与其采取的人力资源战略是密不可分的。

在格鲁夫之前，英特尔由诺伊斯和摩尔掌舵。他们两人都有很强的技术背景，也都是大师级的科学家。在管理英特尔的过程中，他们互为补充，配合默契。虽然诺伊斯和摩尔有着至高无上的权力，但都比较低调，总是深入一线、身先士卒。在选择管理人才上，两人更是出奇的一致，他们认为格鲁夫是最为合适的人选。英特尔公司需要一位坚忍刚毅的管理者，这个人天生注定是格鲁夫。

作为一名参与英特尔公司创立的人员，格鲁夫同样才华横溢，目光敏锐，他不仅将自己分内的事做得井井有条，还经常把手伸到其他工作领域。仅几年时间，格鲁夫便以其非凡的自律能力和高明的判断本领迅速成为正式或非正式主持英特尔公司内部运营的高层管理者之一。对于格鲁夫来说，虽然当初他只是参与了英特尔的创立，并非英特尔的创始人，但是只要提起格鲁夫，很多人都会把他看作英特尔的创始人。

尽管格鲁夫看似有些越俎代庖，有时会超越管理权限做事，但其卓越的管理才能和工作魄力深得诺伊斯和摩尔的赏识，他们不但没有对格鲁夫的“野心”产生不满，还很快提拔他出任英特尔公司的执行副总裁。在英特尔创办后的二十多年里，三人的合作犹如“天作之合”，缺少任何一位，英特尔都不可能有今天的成就。随着格鲁夫在英特尔内部职位的不断升迁，他对英特尔发挥着越来越大的影响，格鲁夫的名字几乎成了英特尔公司的同义语，两者密不可分，有人认为，格鲁夫便是英特尔公司的灵魂。

格鲁夫为英特尔公司在计算机产业界树立起领袖的威望做出了巨大贡献。1998 年，格鲁夫被美国《时代》杂志评选为 1997 年度风云人物。然而，正当事业如日中天的时候，格鲁夫却选择了急流勇退，1998 年 5 月，他出任更有象征意义的英特尔董事长一职，而把首席执行官的职务交给了贝瑞特。

与格鲁夫的铁腕性格不同，贝瑞特是一个更具亲和力的人，在接任英特尔 CEO 之前，贝瑞特已经作为首度运营官主管英特尔公司生产十年之久，这也许是格鲁夫和在他之前的两任 CEO 对贝瑞特的考验吧。在格鲁夫眼里，贝瑞特的管理方式虽然与他大相径庭，但他却非常欣赏贝瑞特解决问题的方法：收集所有的数据，反复确认事实，研究彻底后再采取有力的行动。这不正是一个优秀管理者应该具有的品质吗?

格鲁夫不仅精挑细选接班人，对于其他人才，他也从来没有马虎过。而且，对于培养和留住人才，更是下足了功夫。

在英特尔，有才干的人都会有自己的用武之地。1998 年，英特尔公司 6 万多名员工中的 10% 曾在内部进行了工作调换，这也印证了一句老话“流水不腐，户枢不蠹”，保持流动更有利于保持创新的势头。

当然，“待遇留人”也是英特尔公司留住人才的一个诀窍。英特尔员工每年都会拿到13个月的底薪，每个月还有津贴，除此之外，最具威力的是员工持股制度。在英特尔，如果哪位员工业绩突出，达到了既定标准，他便会被授予购买英特尔股票的特权。不仅物质方面待遇优厚，英特尔在精神方面的待遇也发挥着不可估量的作用。为了鼓励员工努力工作，英特尔公司特设了一种荣誉头衔“英特尔技术大师”，以表彰工作业绩突出的技术人才。

创业课堂

在用人方面，格鲁夫一直扮演着强硬派的角色，一个了解他的人说：“如果他母亲是他的员工，若出现差错他也会解雇她。”也正因为这一点，人们更加折服于格鲁夫的人格魅力，使他深受员工们的爱戴。创业者或初创公司的管理者一定要明白，现代企业的竞争其实就是人才的竞争，人才是企业的根本，也是一个企业最宝贵的资源。因此，怎样选择优秀的员工为企业工作，已经成了初创公司生存和发展的决定性因素。也就是说，从业人员素质的高低，在很大程度上影响着初创公司运营的成败。作为初创公司的管理者，一项重要的任务就是找到合适的人，并将他们放到合适的位置上，然后鼓励他们完成本职工作。在此过程中，管理者要做到用人之长，容人之短，让他们最大限度地将才能发挥出来，做到合理使用人才。

SILICON VALLEY ENTREPRENEURIAL THINKING

第 16 章

在激烈市场竞争中脱颖而出的秘诀

——Box 创始人阿伦·列维的创业思维

阿伦·列维（Aaron Levie）是为了这个世界而打造的Box。他野心勃勃，曾获得创业史上高额的风投资金——4.14亿美元，而他个人只占其中的1亿美元。列维敢于在竞争激烈的市场中向行业中的巨无霸们发起挑战，且凭借着一股韧劲脱颖而出。如果说德鲁·休斯顿的Dropbox以成为个人文件的存储器为目标，那么列维的Box便是以成为办公数据文件存储器为目标。在列维眼中，IT的未来将由新一代公司的软件构筑而成，而Box在中间扮演着数据传输的角色，在他的世界里，Box必将战胜微软、IBM、惠普等公司推出的昂贵的存储硬件和协作软件“套装”。阿伦·列维，就是这样的狂妄！

学会适时放弃

放弃，并不意味着失败，有时，在通往成功的路上，放弃一些不必要的累赘，轻装上阵，反而会使成功来得更快。阿伦·列维创立 Box 的前两年，它和 Dropbox 一样，也是主要服务于个人用户，但随着竞争的日益激烈，随着市场分工越来越细，2007 年，列维选择放弃个人用户，转型为一家商用软件公司。

华盛顿州西雅图城郊的默瑟岛是微软和亚马逊的诞生地，阿伦·列维就出生在这里。小时候的列维很有商业头脑，8 岁时，为了能挣到一些零用钱，他给一些公司发传单，为富人们除草、遛狗等。网景通信公司创建那年，列维 10 岁。对他来说，互联网是一个全新的概念，有着很强的吸引力。他学会了上网，并且流连于各大网站，他还把一些新奇的东西加上自己的想法写成简单的创意，当他把这些创意讲给父母听时，他们并没有列维意料之中的惊喜，在父母眼里，列维就是一个贪玩的熊孩子。

时势造英雄，在互联网蓬勃发展的时代，涌现出了一大批 IT 人才，列维和他的伙伴们便是其中之一。

和列维相比，他的一些同龄伙伴对互联网更加迷恋，其中一位叫杰夫·库伊斯的高中同学爱上了编写程序，他经常会带着 20 磅重的戴尔电脑机箱和古老的 CRT 显示器到列维家里，列维上网，他则整夜编写代码。

依靠从网上得到的灵感，列维先后创办过十多家公司，其中包括供酒店和商场使用的网络设备、房地产门户网站，还有一个名为“Zizap”的搜索引擎，虽然这些公司都以失败告终，但列维并不认为那是失败，只要能从这些失败中汲取到经验，就证明这些公司的创办是有意义的。

对失败的看法，每个人都有自己的观点，有些人认为，做一件事没有成功便是失败，的确，如果你没有从这些事中看到有意义的东西，即使成功了也是失败的。

十多次创业的失败并没有打倒列维，相反，列维觉得，每次失败，自己都会离成功更近一步，说不定，下一次创业就成功了呢！于是，列维又开始了他的创业之旅。

在前面的多次创业中，一个以默瑟岛高中同学为主的团队已悄然形成。杰夫·库伊斯、迪伦·史密斯、萨姆·高德斯、阿什利·梅耶尔等分别负责技术、财务、人力等，虽然这些人在高中时代并不都熟识，但当列维找到他们并把他们组成一个团队后，他们便为某一个目标紧紧团结在一起。

虽然列维算得上是一个创业高手，但他在学习方面并不是老师眼里的好学生。高中毕业后，列维以 B- 的平均成绩勉强进入南加州大学攻读商科专业。列维的不安分在他的大学时代表现得更加淋漓尽致，他还是痴迷于上网，然后再列出一些商业创意。这时，他不再像之前那样讲给父母听，而是通过电子邮件与当时在杜克大学医学院预科学习的史密斯交流。这期间，列维又先后创立了两家网站，但最后还是以失败收场。

大二的一次市场营销课对列维产生了触动，在调查了在线存储行业后，列维发现，这是一个很有吸引力的获利机会，1GB 的存储空间，成本大约为 1 美元，却能收取最少每月 2.99 美元的服务费用。难道这不是一条绝好的创业之路吗？当列维把自己的想法告诉史密斯后，史密斯也变得兴奋起来。

2005 年夏天，列维和史密斯在史密斯父母家的一间阁楼里创办了一家在线存储公司，这便是 Box 的雏形。由于之前创业的屡次失败，当时的列维已拿不出一分钱，而史密斯也只有在线玩扑克赢来的 1.5 万美元，于是，二人用这 1.5 万美元租来了服务器，制作出商业招股书，放到保罗·艾伦等西雅图科技界名人的家门口，想以此引起对方的注意并获得他们的资金。列维和史密斯还给 20 多家风投公司打去电话，向他们推销自己的商业创意，但没有一个人愿意为这两个毛头小伙子投资。

每个人都会遇到自己生命中的贵人，有了这些贵人的帮助，我们才会少走弯路，才会离成功越来越近。列维生命中的贵人便是马克·库班，一位互联网富豪兼博客作者。

当遭遇到无数次拒绝后，列维和史密斯抱着再碰一次运气的想法给马克·库班投去了投资推介，令二人意想不到的是，库班竟对他们的创意很感兴趣并同意投资，条件是用 35 万美元换取 30% 的公司股份。

一个多月之后，列维拿到了来自库班的支票，于是他和史密斯从各自的大学退学并前往硅谷，他们要一心一意地经营这家在线存储公司。

Box 正式上线后，立即吸引了一批用户，这些用户在 Box 上踊跃注册，但列维觉得，让这些用户付费使用 Box 还有些为时过早，最后，他和史密斯商量后决定，可以向用户免费提供 1GB 的存储空间，这样，只要有 3% 的客户能够花费 2.99 美元购买 1GB 的流量升级为付费账户，他们就不会亏本。Box 的“免费增值”模式在 2006 年初正式实行，一夜之间，Box 注册的用户数量就超过了原来的 50 倍。这种模式虽然是一次伟大的突破，但却等于是在烧投资人的钱，有哪个投资人不希望自己的投资早些带来收益呢？所以，库班并不喜欢这种模式。为了避免不必要的风险，当年 10 月，库班开始向外转让他所持有的 Box 股份。德丰杰风投公司适时以 150 万美元收购了库班的全部股份。

虽然库班是一个经验老道的投资高手，并且因投资获得了数十亿美元的财富，但在 Box 的投资上，他却犯了一个重大的错误，如果他没有卖掉 30% 的 Box 股份，即使不再投入一分钱，他的收益也能达到 1 亿美元。

但是，不管怎样，列维对库班都心怀感恩。如果没有库班，Box 就没有初始资金，列维也许还在创业之道上徘徊不前。而且，当时库班做出这样的决定也是可以理解的，2006 年，Box 的营收只有 50 万美元，人们不愿意为任何一项新功能付费，而且，这时的谷歌和苹果对云存储也越来越重视，免费提供云存储的呼声越来越高。相对于竞争对手，Box 只不过是一家小公司，两位创始人只能睡车库，无论从哪方面来讲，Box 都没有能力与那些竞争对手相抗衡。在库班看来，适时退出成了保全自己的最好方法。

列维每天都会接到很多用户的求助电话，这些用户多是办公室职员，当列维向他们询问对 Box 有什么建议，还需要增加哪些新功能时，很多人认为，如果能拥有安全功能和显示员工使用情况的报告界面，他们甚至愿意支付高出原来一百倍的费用。

客户还反映，Box 要比名为 SharePoint 的微软类似产品更易于使用。而据列维当时了解的情况，SharePoint 每年能为微软创造 20 亿美元的营收，这也就意味着，Box 也能给列维和他的团队带来至少 20 亿美元的营收。列维这才恍然大悟，原来自己一直都搞错了 Box 的目标客户，Box 的目标客户应该是企业用户而非个人用户，于是，一场伟大的转型开始了。

列维似乎看到了转型后的巨大利润，但当前需要解决的问题是：转型需要资金。列维联系了近 20 家风投公司，但他们都不愿意投资在这个全新的市场中。最终，美国风险投资合伙人有限公司的马蒙恩 • 哈米德被列维说服，并在 2008 年向 Box 注资 600 万美元。

有了资金，Box 便开始为企业用户重新调整功能，同时，为了弥补自己知识和管理上的不足，列维开始如饥似渴地阅读行业经典书籍，如甲骨文创始人拉里 • 埃里森的传记等。这些，都成了 Box 成长之路上的有机肥料，加以利用，便使 Box 长成了参天大树。

把聆听当成一种习惯

2010 年 4 月的一天，当时的列维正坐在卧室的沙发上观看史蒂夫 • 乔布斯发布首款 iPad 的网络直播。突然，他的脑袋里灵光一现，“如果能在 iPad 发售之前研发出一款 iPad 应用，不是能领先竞争对手一大步吗？”他立刻给 Box 的所有工程师发了一封邮件，要求他们一定要赶在 iPad 发售之前完成这一任务，结果，列维和 Box 的工程师们真的做到了。

苹果公司推出的一系列产品都受到了消费者的追捧，iPad 也不例外。iPad 刚一发布，宝洁公司便开始四处打听，希望通过 iPad 来访问所需要的重要文件。当时，这家消费产品的巨头公司打算让高管们开始使用 iPad。为了能争取到宝洁这个大客户，Box 花了 18 个月来对其提供定制服务，最终与宝洁达成了协议，为其 1.8 万名员工提供更加便利的产品。与宝洁的合作为 Box 敲开其他巨型公司的大门铺平了道路。

由于早年列维属于辍学从商，为了能积累更多的管理知识和营销知识，列维决定一边经营Box一边继续自修。

除了学习书本上的知识，他还向业内的先驱们请教各种问题。例如，他曾向一些行业领军人物发送邮件，希望对方能与他共处一小时。当然，这些成功人士除了在事业上取得成功外，他们的人格魅力也是值得钦佩的，这些人大多答应了列维的请求。

希柏系统公司（2005年被甲骨文以58.5亿美元收购）创始人汤姆·希柏会见列维后，对眼前这个年轻人说："你知道吗？我曾在一天之内前往四个州会见客户并聆听他们的意见。"曾担任仁科公司（被甲骨文以103亿美元收购）首席执行官的克雷格·康韦则在看了列维的日程表后，向他建议可以多见一些客户，而列维的日程表上每天最多只见一次客户。

列维也曾斗志昂扬，昼夜守在电话机旁，想听到用户对Box的意见，以更好地加以改进，但随着专注于Box内部事务，列维开始失去了这种视角，而这种视角恰恰是能促进Box发展壮大的关键。于是，列维决定，每周至少和八个客户会面，每次都要向对方征求意见，这一习惯一直保持到现在。

随着科学技术的飞速发展，面对纷繁复杂的市场竞争，再高明的管理者也难以每次都做出正确的判断，以及每次都制定出有效的决策方案。这时，便需要聆听多方面的意见，这就是在大部分公司里，有效的聆听者总会占据更高职位的原因。

聆听是管理者必备的素质之一。聆听的过程不仅完善了Box的各种策略，还磨砺了列维自身。这个曾经被很多风投公司拒绝的家伙，已经成为公众一致认可的创业模范。风投公司泛大西洋投资集团 2012 年曾给 Box 投资 1 亿美元，公司的合伙人加里·雷纳说："我和列维的想法是一样的。在我们投资之前，我们曾经调查 Box 好几个月，但眼前这个看起来年龄并不大的创始人竟像入行 20 年之久一样，我提出的所有问题他都考虑过了。"

这，便是聆听的作用。

从不畏惧竞争对手

列维选择的是一个令人望而生畏的行业。微软、IBM、甲骨文和 SAP 四家公司占据着软件市场的半壁江山已达数年之久。据有关数据显示，这四家公司的市值早已超过了 3000 亿美元，预示着那些小公司只能分得一些残羹剩饭。

而在过去的 10 年里，由 Salesforce、Workday 和 Netsuite 等公司引领的更为便利的基于云端的新一代商业软件催生了数十家相关的创业公司，这些公司开发的产品以其定价灵活、访问快捷等优势使得做生意越来越简单，B2B 这种企业对企业的电子商务软件，也正逐渐成为一个势头良好的投资项目。

列维在这样的市场中寻求发展岂不是难上加难？但在列维的未来展望中，微软、IBM 等公司推出的那些昂贵的存储硬盘和协同软件"套装"最终会失去市场，而 Box 势必会在这种机遇中生存下去。

Box 采用免费增值的商业模式，这在业界已经是众所周知的事了，注册成为 Box 用户，便可以免费获得 5G 的在线存储空间和基本功能。如果用户每月支付 5 美元，便能获得更大的空间、更高的安全性和 IT 服务级别管理。

目前，虽然 Box 只有 7% 的付费用户，但是用户的扩张却为 Box 带来了 40% 的年营收增长率。

随着 Box 在市场的占有份额越来越大，行业内的巨头们有些坐不住了，他们开始模仿 Box 的免费增值模式。例如，Salesforce 公司推出了 Chatter，这是一款能与 Facebook 相媲美的企业社交协作应用；微软公司以 12 亿美元收购了企业社交应用 Yammer；谷歌公司推出了“谷歌文档”；虚拟业巨头虚拟机软件 VMware 推出文件同步功能……几乎每个月，Box 都面临着致命的威胁。

拿微软公司来说，除了收购了 Yammer，还有一款 SharePoint 软件，微软把这款软件与其他产品捆绑销售，如果用户不使用这一软件，微软便会提高现有产品的价格来威胁用户使用。SharePoint 虽然比 Box 的功能多，但相当昂贵，而且不如 Box 使用起来快捷、灵活。看来，Box 在竞争中还是占据优势地位的。

一些公司，如甲骨文、微软、SAP 等，它们在推出本公司开发的应用软件的同时，也争相与 Box 合作。

列维一直都有一个崇拜的对象，即甲骨文的拉里 • 埃里森，他甚至想把 Box 团队打造成行事方式和外形都与甲骨文类似的团队。当然，实现这一愿望的唯一方法，便是使 Box 成为企业最重要的数据连接枢纽。

“我一定要这样做，而且会做得更好。”列维曾不止一次信誓旦旦地表达他的决心。

创业课堂

随着科技的进步，企业竞争越来越激烈，尤其在硅谷这样高科技密集的地方，市场就如同战场，竞争对手更多更强，Box 在这样的情况下还能做一个常胜将军，与列维的竞争策略是分不开的。列维创业成功的一大原因，就是一直在做别人想不到的事情。他认为，企业的竞争核心实际上就是创新能力。当然，创新是需要全方位、多层次的，产品要创新，管理要创新，战略要创新，模式要创新，思路也要创新。创业者在创业过程中，如果能做好别人做不好的事，并努力把其他竞争对手都会做的事做到极致，就能够在竞争中取得优胜，风投公司也会对这样的创业对象趋之若骛。

SILICON VALLEY
ENTREPRENEURIAL
THINKING

第 17 章

创业也可以多点开花

——Twitter 创始人杰克·多西的创业思维

21世纪的前十年似乎是史蒂夫·乔布斯的独角戏，在他去世之后，媒体开始把目光投向众多涌现出的“下一个乔布斯”，杰克·多西（Jack Dorsey）便是其中一位。从创建Twitter到被“驱逐”，到发出“用140个字改变地球”的呐喊，再到公开宣称要“当市长”……离经叛道者多西演绎的这段硅谷传奇，和当年的乔布斯一样惊天动地。多西正经历着从年轻极客到壮年企业家的过渡，他创立的两家全球热门的互联网科技公司，使他成为了世界商业史上成功的创业多面手之一。

点子与时机相结合

杰克·多西出生于美国密苏里州东部城市圣路易斯，少年时的多西喜欢上了编写计算机程序代码。在很长一段时间里，多西试图做一幅纽约地图，因为他从小就对纽约这座城市情有独钟：那里的汽车声、人声和商业区的喧闹声，使这座城市变得更加鲜活，也令小多西无比向往。他想把这一切都搬到计算机上。他照着纸质纽约地图的街道和街区在计算机上一步一步地描绘，然后用浮点给繁华的街道作标记。

多西还对出租车行业和其他交通系统的调度服务产生了兴趣。16 岁那年，他想利用编程来运营业务的方式成立一家自行车速递服务公司，虽然这件事最后不了了之，但这个时候的多西已经在心里埋下了创业的种子。

1995 年，多西从高中毕业后进入密苏里大学罗拉分校，对于仍然痴迷于编程的多西来说，学校里循规蹈矩的学习有些令他难以适应，于是进入大学没多久他便退学了。

退学后的多西整天埋头自学编程，并时时流连于网络系统之中。一次，他发现纽约一家调度管理服务公司的网站存在安全漏洞，于是他通过这一漏洞找到了该公司高管的电子邮件清单，并给公司老板格雷格·基德发去了一份电子邮件，提醒对方注意网站安全。受到提醒的基德对多西心存感激，不仅聘请他为公司编写调度软件，还邀请他前往纽约发展。

纽约一直是多西的梦想之地，受到邀请后，多西便整理行囊踏上了征程。到纽约后，多西并没有急着找工作，而是进入纽约大学继续学习。当时的多西总是戴着鼻环，梳着辫子，给人一种放荡不羁的感觉。

基德在发现了多西的编程才华后，与多西合伙创业。他们创立了一家名为dNet的公司，主要向人们提供网上购物快递服务，这家公司获得了天使邦投资公司的早期投资，但由于各种原因而没能走上正轨。十几年后，亚马逊和沃尔玛才有了相同的业务。有专家曾说，如果dNet晚几年出现，便不会有当年的遭遇，也许现在已经成了业内的巨无霸了。

创业失败后，多西和基德去了旧金山，多西找了一份为轮渡公司编写调度和售票软件的兼职工作，以及一份在埃文·威廉姆斯创立的播客（视频分享）Odeo公司的全职工作。当时的Odeo还是一家初创公司，虽然得到了广泛关注，但经营上却岌岌可危。多西并不想做播客，不过他喜欢和威廉姆斯一样的初创者在一起。

看到Odeo前途渺茫，多西决定重拾多年以来的梦想：开发一款能够让人们共享信息的系统。有了想法后，他便马上行动起来。多西邀请威廉姆斯和Odeo的创意总监比兹·斯通加入自己的团队。两周后，这个系统原型被编写出来，多西发布了第一条Twitter信息："Twitter成立了。"

2007年，由多西、威廉姆斯和斯通创立的Twitter在一个简短的仪式后正式运营，多西任公司CEO。

Twitter如今已经广为人知，它集推广平台、分享工具、新闻载体于一体，这正是多西想要创建的产品。

最初的时候，多西并没有把Twitter看成一家公司，在他看来，这只不过是一个想法而已。

紧盯最重要的事

多西身上有散漫的一面，但他却有着超强的自制力，他的精神和身体都在不停散步，他认为“散步时是最佳的思考时间”，按他自己的话来说，他在散步的每一分钟，大脑里的细胞都会活跃地跳出来给他出谋划策。为此，多西有自己招牌式的“张弛有度”的管理方式，在办公室里，Twitter 的所有员工都有充分的自主权，但工作要遵循统一的价值观。关注最细微的事情，同时不忘紧盯真正重要的事情，便是多西秉承的经营理念。

多西不但是一位杰出的程序编写员，擅长优化软件或概念，更是一位实干家，相比谈论问题，他更愿意着手去解决问题。他的特立独行使他缺少人际交往方面的技巧，但他的社会洞察力却是非同寻常的。Twitter 的联合创始人斯通认为，多西拥有艺术家的头脑，在他眼里，这个世界就是一个他参与制造的巨型产品。多西曾经在 Twitter 员工会议上表示，一个人可以用 140 个字改变世界。他的思维方式是多么独特，由此可见一斑。

多西为人矜持而内敛，他更愿意将自己看作是一名程序员，而非管理者。他创立 Twitter 的初衷是创造一项服务，而不是一家公司。2008 年，由于公司内外部的压力，多西被迫辞去 CEO 职务，仅担任公司董事长。很多人认为，多西有足够的时间好好休息一下了，但人们看到的却是，多西准备再次创业。不久后，多西发现了一些与 Twitter 一样能让他异常兴奋的事情。乘着这股东风，他与吉姆·麦凯尔维一同创办了 Square。

Square 并不是最初的名字，最初的名字叫“Squirrel”，有“一点点存钱”的意思，是一项允许任何个人或小企业轻松接受信用卡付款的服务：只要用户下载一款应用，将一个正方形的配件与计算机或手机相连，然后在卡槽上刷一下信用卡即可完成交费。如果说 Twitter 让所有人都变成了广播员、作家，那么 Square 则让所有人都变成了商人。Square 从中收取 2.75% 的手续费。

对多西来说，运营 Square 和 Twitter 两家公司是一个巨大的挑战。他大部分时间都在办公桌前伏案工作，他的办公室向任何一位员工开放，以方便经常聆听员工的意见。多西说，和他的员工在一起，自己能产生“意外灵感”。多西创建的管理模式，能使 Square 和 Twitter 里那些掌握最多信息的员工提出自己的想法，而通过展示自己的想法，员工实际上能够在很大程度上影响公司的发展方向。

多西认为，让“每一位工作人员都知道公司的目标是什么”是一个公司最重要的事情，所以，他在 Square 制定了一条规定，只要有两个人以上参加的会议，一定要做会议记录，并向全体员工发送。作为最高管理者的多西，每天都能收到很多会议记录，他会仔细地阅读，公司其他员工能做到的事情，他也尽量做到。

让家人成为自己的拥护者

多西全家人都是 Twitter 的忠实用户。多西的爸爸是一位超级活跃的 Twitter 用户；妈妈也是儿子的铁杆粉丝，她曾在 Twitter 的个人页面上写道：“我是多西的妈妈，也就是说，我是 Twitter 的奶奶，是吗？”多西的两个弟弟也是 Twitter 狂人，其中一人在自己的 Twitter 主页上写出了这样的宣言：“要想酷，上 Twitter。”

2013 年 9 月，科技经济大会在底特律召开，会议邀请多西进行演讲。当时，多西的父母来到现场，他们对科技经济大会并没有多大兴趣，他们感兴趣的是能看到儿子多西的演讲。对聚光灯早就习以为常的多西，演讲时竟然有些紧张，后来他说，那是因为父母在看着他的缘故。当然，正是因为有了父母的观看，使得多西的那次演讲更加富有激情，他绝对不能让自己的这两位忠诚的粉丝失望。

2007 年，即 Twitter 成立之初，多西为公司募集到了 10 亿美元的风投资金，这些风投公司包括凯鹏华盈、数字天空科技、标杆资本等。随着 Twitter 的迅速发展，在 2013 年 11 月的公开募股中，Twitter 的股票暴涨，公司估值高达 250 亿美元，多西持有的股份价值超过了 10 亿美元，而这时他在 Square 持有的股份价值也接近 10 亿美元。

从“每条 Twitter 信息都不能超过 140 个字符”可以看出，多西是一个极简主义者。简练却不失细致，从他的每次演讲甚至日常说话中，人们很少能找出漏洞，这与他的涉猎广泛有关。

多西能有今天的成就，成为一名创业多面手，与其家人的支持是分不开的。当然，除了家人的支持，他人的支持也很重要。其中，这里面的“他人”，既包括公司的员工，也包括客户和消费者。

多西认为，要想赢得员工和创业伙伴的支持，一定要学会赞美他人，一句简单的赞美，对于我们自己来说可能算不了什么，但对于被赞美者却可能意义非凡。他还认为，要想得到客户和消费者的支持，完美的产品则是重中之重。除了产品本身，还要倾听消费者的意见，站在消费者的角度去考虑问题，理解和帮助他人。唯有做到这些，你才能成为一名成功的创业者。

创业课堂

多西与人联合创建的Twitter和Square已经成为全球热门的两家互联网科技公司，这两家公司让多西拥有了令人艳羡的亿万财富。和乔布斯相比，多西的学生气息更多一些，毕竟他把程序员看成是自己的主要工作，他关注的除了公司的结构之外，更多的是突破性的创意。但不管有心还是无心，多西在创建和管理公司这个问题上，提供了一种原创模型，即“漫游者”的管理方式，并创造了“宽严并举”的管理风格。多西建议创业者在创业过程中根据所处行业特点和个人风格，来寻找自己的创业模式和管理方法。如果你在多个领域都有独特的创业想法，那么不妨也像多西那样多点开花，逐个尝试。当然，前提是你的创业想法足够吸引人，最起码能够吸引风投公司参与，否则，就不要轻易投入太多财力和精力。毕竟，多点创业拼的不仅仅是精力，更重要的是那灵光一闪的创业智慧。

SILICON VALLEY ENTREPRENEURIAL THINKING

第 18 章

创业不可忽略家庭

——Houzz 创始人阿迪·塔塔克的创业思维

硅谷一直以来都是男人的天堂，在这里，由女性创建的科技公司凤毛麟角。当阿迪・塔塔克（Adi Tatarko）以巾帼不让须眉的姿态创立 Houzz 时，硅谷里的那些“哥们儿”都惊呆了。塔塔克和她的丈夫创建的 Houzz 是一家家居设计网站，且在短时间内获得了接近 10 亿美元的个人财富。在男人们看来，女性似乎与计算机科技是绝缘的，而家居却又是女人最能施展才华的地方。在事业与家庭的取舍中，塔塔克处理得恰到好处。塔塔克事业有成，家庭幸福，这是每一个女人都梦想得到的。

第一个客户就是自己

阿迪·塔塔克是以色列人，她的外婆是一位著名的时装设计师，曾独自一人飞到巴黎去参加时装展；她的母亲则是一位房产经纪人，有着出色的推销才能。塔塔克从外婆和母亲身上受益匪浅，她从小就梦想着成为一名设计师。塔塔克最后的确成为了一名设计师，不过不是服装设计师，而是家居设计师。

1996 年，塔塔克顺利地完成了大学学业并获得国际研究学学位。塔塔克是一个非常有生活情趣的人，紧张的大学生活使她想在毕业后去长期旅行，于是，塔塔克毕业后和她的两名女性好友启程了。

三个年轻的姑娘首先去了泰国，当游览完泰国的各地美景后，她们又坐上了从曼谷到苏梅岛的大巴车。当时她们想乘坐飞机，但口袋里剩下的硬币只能让她们选择乘坐大巴。也正是在这辆大巴车上，塔塔克邂逅了自己一生的伴侣——阿隆·科恩。

在大巴车的 15 个小时里，塔塔克和科恩一直在不停地聊天，后来两人成了形影不离的恋人。

回国后，塔塔克和科恩创立了一家小型科技服务公司——诺言软件。随着事业的不断发展，二人的爱情也水到渠成，他们结婚了。塔塔克和科恩都认为，结婚对二人的事业会更有帮助。

结婚后，是否还留在本国发展？这成了新婚小两口要面对的一个抉择。最后，二人决定前往纽约，他们都认为在那里有更好的机会等着他们。当然，离开以色列，也就意味着他们的事业要从头再来。

到达纽约不久，塔塔克和科恩选择了继续向西迁移。2001 年，他们来到硅谷，并希望在这里找到属于自己的那片天地。

科恩获得了一份在 eBay 负责工程团队的工作，而塔塔克则只能暂时放下自己的职业抱负。对于塔塔克来说，不管多么有雄心壮志，她的第一要务还是做好一个女人，即丈夫的妻子，孩子的母亲。虽然她希望自己能在硅谷成就一番事业，但她更爱丈夫，更希望自己的家庭幸福美满。但随着两个孩子的出生，给这个家庭带来了前所未有的压力，虽然科恩在 eBay 的工资并不低，但对于在硅谷生活的四口之家来说，还是捉襟见肘。为了贴补家用，塔塔克在美国联邦金融集团找了一份兼职工作：指导客户管理自己的资金。

为了节省开支，塔塔克和科恩花了三年时间为自家住宅装修寻求合适的方案，也正是这时，创建 Houzz 的想法在夫妻二人脑海中诞生。从这个意义上来说，塔塔克和科恩是自己的第一个客户。

在美国，每年有将近 1500 亿美元的资金花费在家庭改造和装修上，这个领域具有巨大的开发潜力，而科技界林林总总的网站和企业却很少涉及这一领域。塔塔克和科恩对此有些吃惊，他们是多么希望能在网络上找到一个既廉价又富有创意的家居装修方案啊！

受到鼓舞的夫妻二人开始行动起来。2006 年，科恩花了 20 美元买下了 www.houzz.com 这个域名，Houzz 公司便这样悄无声息地成立了。

很多人疑惑既然是家居网站，为什么不用“house”之类的词命名呢？“house”其实是科恩最想使用的词，但与之相关的域名早被占用了，于是才有了混合词“houzz”，他们认为，“houzz”这个词更容易让人们记住。不过，他们到 2008 年才正式启用这个域名。

节俭的塔塔克每月只给这项计划拨出 2000 美元。对于当时的一家四口来说，这 2000 美元已经是最大限度了。科恩负责制作网站，塔塔克则负责策划内容，收集设计师的装修图片，并询问孩子所在学校的其他家长是否愿意看看家居改造的设计图。凭着从母亲那里继承的推销方面的口才，塔塔克还邀请了居家生活类杂志《日落》的前任编辑加盟 Houzz。

塔塔克以一个女人的直觉道出了 Houzz 网站的指导理念：这是一个用户可以为自己的住宅寻找实际方案的网站。在这里，远离了豪宅，不刻意追求某种主流品位，其风格受到了大众的欢迎。Houzz 成为了探索者的天堂。

打造梦想中的房子

Houzz 网站的流量最初主要来自于旧金山，但很快，通过口碑相传，Houzz 吸引了世界各地的支持者。在 Houzz 上，建筑师和室内设计师争相发布照片，这就为网站提供了一批免费的内容和构想，Houzz 已经成为设计师和客户交流的一种工具。

面对源源不绝的新访客，塔塔克和科恩逐渐意识到他们必须有所行动了。Houzz 需要 20 台服务器才能承担可能出现的数据负载，这也使得 Houzz 不再被看作是一个周末的业务爱好，它需要专职的工程师和全职的编辑，且需要更多的资金来维持运转。这种情况下，科恩不得不退出 eBay，塔塔克也把更多的精力放在了这个网站上。但钱从哪里来呢？这可难倒了夫妻二人。

起初，这对夫妻在网站上给一些企业做广告，并创建了一些付费使用功能，以此来获得收益，但收入甚微。塔塔克和科恩不想这么经营下去，他们想在开始考虑应有的商业模式和营收之前就把Houzz打造成最友好、最流畅的免费网站，但他们却极其不愿意从风投公司那里获得资金，因为他们不想让投资方给自己带来太大的压力。

然而，为了维持经营，他们必须接受外来资金。硅谷天使投资人奥伦·泽维是第一个给Houzz带来资金保障的人。为了使这对夫妻接受融资，泽维向这两位Houzz创始人承诺，会让他们夫妻继续执掌公司，而他将致力于支持他们的愿景。2010年7月，泽维投资200万美元换取了Houzz公司35%的股份。于是，其他风险投资者接踵而至。

投资者积极地向Houzz提供资金，因为他们认为该网站拥有的庞大消费群体一定会以某种方式给他们带来更高的回报。

只要打开Houzz网站，按照风格分类搜索，大量的图片会跃入眼帘，而这些图片上的客厅、卧室、餐厅、厨房等都是真实的。只要你有足够的耐心和时间，便会从这些图片中找到自己最喜欢的样式，打造梦想中的房子便不再是一个梦。

此外，由设计师撰写的高质量文章和产品推荐兼具专业性与实用性。Houzz将建筑与室内设计专家(商家)和一般用户连接在一起，让一般用户可以追踪、收藏自己喜欢的装修案例以及设计师，并能跟设计师直接对话。对用户来说，Houzz不仅是一个家居装修目录、一个社区、一个收集设计的剪贴簿，更重要的是，它是可以接触装修设计师的渠道。

在美国，Houzz被誉为“室内外设计的维基百科”。有关业内人士估计，Houzz将在美国开创出价值300亿美元的家装市场。看来，当初的小小创意已经长成了参天大树。

当用户想装修房屋时，自然而然就会登录Houzz，在这里，他们除了能找到点子、找到答案、找到专家，甚至能购买到家饰——大部分房屋装修所需要的，在Houzz都能找到。

随着个人智能手机的普遍应用，Houzz成了第一个推出手机/平板电脑App的家装类网站。Houzz的第一款iPad应用程序大受好评，建筑师和室内设计师们不再需要提着手提电脑与用户见面，取而代之的是拿着装有Houzz应用程序的iPad。用户们也可以指着手机里的图片对设计师说：这就是我想要设计的房子。

普通人的幸福生活

如果塔塔克是一位男性，也许不会被问如何去平衡工作和生活，但身为人妻，尤其是在塔塔克生下第三个孩子后，这便成了她必须面对的一个问题。虽然她努力想使二者达到平衡，但她知道，没有绝对的平衡，而且，为了事业，她注定要舍弃一些东西。比如说，在没有创建Houzz之前，塔塔克每天都要亲自下厨做饭，一是家里没有多余的钱请佣人；二是塔塔克认为，亲自给丈夫和孩子做饭是一件幸福的事。创建Houzz后，亲自做饭成了奢望，由于要分配更多的时间去管理Houzz，塔塔克只能把菜谱写下来，让佣人去完成原本属于自己的那部分家务。

兼顾家庭和事业很难做到，尽管塔塔克很努力，但她还是不得不牺牲一部分原本和家人在一起的时光，当她想要陪孩子们出去玩时，会突然意识到，下一次董事会她还有一个发言稿要写。即使如此，塔塔克还是会尽量从工作中挤出一些时间去陪伴家人。例如，塔塔克要求科恩经常和大儿子一起打篮球，而她自己则会在二儿子睡前给他读睡前故事。她甚至为家人制定了一个新规，一家人团聚的时候，每个人都要关掉各自的电子设备，不管她和科恩的工作有多忙。

硅谷里的CEO们可以把“拼命工作，拼命玩乐”当成人生信条，塔塔克和科恩却不能这样，他们要管理一个公司，还要照顾三个孩子，他们必须兼顾事业和家庭。塔塔克工作的时候，科恩必须赶回家与孩子们共进晚餐，其他时间，两人的角色互换。

由于要充当CEO和妻子、母亲三种角色，塔塔克恨不得一天能有30个小时。在办公室里，塔塔克坐在编辑部的一张白色办公桌前，她主要负责海外扩张项目。当然，她会把工作安排得井井有条。在塔塔克的显示器顶上，放着一排袖珍橡皮鸭，这使她首席执行官的工作看起来更轻松有趣。有时，塔塔克会亲自给员工送上蛋糕和冰淇淋，作为他们辛苦工作的奖励，而一旦员工们在工作中出现严重问题时，塔塔克会表现得更像女人，发起“口头风暴”。

科恩的办公室位于工程部办公区的中心。虽然二人工作时并没有太多时间接触，但他们还是会花上一个小时的时间共进午餐，其间他们谈论的内容除了工作，最多的便是三个孩子。吃过饭，二人又各自回到办公室继续工作。

塔塔克与科恩也有过争吵，但对于把争吵也当成相聚机会的二人来说，争吵是幸福的甜蜜瞬间。

创业课堂

在以男性程序员为主导的硅谷，位高权重的女性并不多见，更不用说是一对夫妻档了。塔塔克和科恩从相恋到现在，仍然在每周的大多数日子里一起吃午餐。据有关数据显示，在所有获得风投融资的公司当中，只有 13% 的公司拥有女性联合创始人。而塔塔克女性的身分和非技术背景并没有给她运营 Houzz 带来什么障碍；相反，果断利落的战略思维与脚踏实地的姿态被她很好地结合在一起，她以一个女人的身份更好地召集了一批人才与她并肩作战。在创业方面，女性天生有其敏锐、坚韧、细腻和感性的特点，这些特点若能运用得当，对事业的发展是非常有利的。另外，作为女性，因为身兼妻子和母亲的责任，所以要用更多的智慧来处理好事业和家庭的关系。创业和追求梦想固然重要，而维系一个幸福的家庭，更是女性不可忽略的责任。

SILICON VALLEY ENTREPRENEURIAL THINKING

第19章

充分利用每个人的智慧

——维基百科创始人吉米·威尔士的创业思维

相信大家对维基百科并不陌生，它是一个让用户共同创造、添加以及编辑内容的网站，是一个承载了人类知识革命的互联网产品。在这里，曾创下超过100万人共同编辑一个词条的历史纪录。在维基百科这个大家庭中，有超过2400万海量词条，它们的准确性和实时性并不是某一个人或某几个人说了算，而是全部依赖于一个超过8万多人的志愿者群体——维基人。维基百科最为神奇的特点，就是让默默无闻的志愿者们有了像专家一样的发言权。而这个充分利用志愿者智慧的人，便是吉米·威尔士（Jimmy Wales），他也是一个极具智慧的人。

儿时的梦想与伟大的事业

吉米·威尔士出生在美国阿拉巴马州的亨茨维尔，高中毕业后，他进入本地的欧本大学学习财会。在读研究生时，他开始对当时蓬勃发展的开源软件运动产生了兴趣。

后来，为了赶上当时的互联网热潮，威尔士与第二任妻子罗汉搬到了圣地亚哥，并创立了 Nupedia。Nupedia 是维基百科的前身，是一个线上的百科全书，由有关专家撰写其中的词条，再由大众的同行进行评审。

小时候，威尔士喜欢看父母的《世界百科全书》，书里被贴满了书签，从那时起，威尔士便对“任何人都可以编辑的在线百科全书”这个概念产生了兴趣，贴着书签的百科全书与后来的维基百科有着异曲同工之处。后来，威尔士在《开源百科全书》中又看到了更大的“文化试验”机遇，当时的 Nupedia 正步履维艰，他之前的商业伙伴也急于向外扩张业务。

2001 年 1 月，威尔士注册了 www.wikipedia.org 和 www.wikipedia.com 两个域名。1 月 15 日，线上的百科全书正式上线，这一天，被称作“维基百科日”。

“维基百科”虽然是威尔士从小的一个梦想，但这家企业却是威尔士无意中创立的。当时，他只是想开发出一个很酷的东西，但具体是什么样子的，他自己也描绘不清楚。所以，在创立维基百科后，威尔士和他的伙伴们只能走一步算一步。

每一个创业者在创业之初都会遇到各种各样的困难，尤其是缺少资金。维基百科创立之初，资金方面也是捉襟见肘。为了省掉一些房租，威尔士与罗汉搬到了佛罗里达的圣彼得堡。然而，不管怎样穷困潦倒，威尔士都依然相信，免费的维基百科全书能为他带来巨大的财富。

当互联网热潮逐渐消退时，维基百科还没有实现盈利，离威尔士的最初设想还差得很远。虽然不久后很多人看好维基百科，但它却成为了一个“叫好不赚钱”的项目。那些维基人——固执的志愿者们不支持在维基百科上刊登广告，这使威尔士感觉很无奈，但人数众多的志愿者团队是得罪不起的，威尔士期待着能出现一种两全其美的办法。

随着维基百科的发展，一场精明的品牌转变正悄无声息地进行着。2003年 6 月，威尔士为维基百科创建了基金会，这个基金会并非以盈利为目的，威尔士希望维基百科在基金会的带领下能摆脱之前薄弱的根基。事实证明，维基百科完成了这次完美的蜕变，当然，维基百科本身就是一个崇高的事业：让人们可以免费获取所需的知识。

一个人人都能书写的历史

因为维基百科，威尔士登上了《时代》杂志所评出的“2006 年最具影响力的 100 个人物”榜单，并获得了“全球青年领袖”的称号。哈佛大学法律系教授乔纳森·吉特仁（Jonathan Zittrain）这样评价威尔士：“维基百科的创立是人类知识史上伟大的创造之一。”对威尔士来说，他的心里虽然很早就有了维基百科的原型，但以前硅谷甚至全世界并没有这一先例，他完全是凭借直觉摸索着走到今天的。

胜者才能书写历史，而维基百科的出现，使每个人都拥有了书写历史的权利。维基百科创立之初，威尔士曾聘请过一个叫拉里•桑格的学者加入自己的团队，虽然让大众来编辑这个百科全书是威尔士的最初创意，可当时的威尔士并不大相信维基技术，是桑格说服了威尔士接受它。当时的威尔士并没有使用现在的“维基百科”的名字，他甚至正在为起名而苦恼，当桑格向他建议使用“维基”这个名字时，威尔士拍手叫好，当场决定用“维基”作为公司名称。当维基百科走向正轨后，威尔士试图在词条中把自己改成维基独立创始人，这一更改词条的事件违背了维基百科的协定，在维基人群体中引起了轩然大波。

目前，在维基百科的词条中，如果你搜索“杰米•威尔士”，会发现他被称为“维基百科的共同创始人之一”而非“独立创始人”，而且，在“相关争议”部分详尽地解释了他与桑格的创始人之争。

威尔士有时过于偏激的做事风格，引起了一些维基人的不满，他们认为威尔士变得越来越不可理喻。其中一个志愿者写道：“威尔士虽然是维基的创立者之一，但他并不是维基百科的主人，维基是属于所有维基人的。”威尔士虽然有在维基百科上的终极权限，可以随心所欲地制定规则，但如果他真的这样做了，维基人肯定会疯狂地抗议。

维基百科不会使任何人致富，但从长久来看，这样的制度能够让它对社会产生更多的价值。

艰难的取舍

维基百科是世界上访问量排名靠前的网站，有超过 285 种不同语言的版本，每个月有超过 200 亿的浏览量和约 5.16 亿个独立访客。据相关人士估算，如果在维基百科刊登广告，这些广告所得的费用能使维基百科的价值达到 50 亿美元。当然，威尔士不可能这样做，因为这等于把维基人无私奉献的劳动成果公然地进行商业贩卖，这样做的后果便是威尔士被维基人孤立起来，甚至导致维基人集体退出维基百科。

威尔士收入颇丰，但与那些硅谷大佬们相比，他赚的钱却不值一提。如果在谷歌搜索栏里打入"吉米·威尔士"，会搜索到"吉米·威尔士净资产"。威尔士调侃自己是"有钱不赚"。在工作和生活中，每一个人都会遇到骑虎难下的情况，这时，便要学会取舍。在赚钱与事业难以两全的情况下，威尔士选择了后者。

威尔士想要激发出维基百科更为深刻的意义。维基百科给威尔士带来了事业成功的喜悦，却没有给他带来巨额财富，幸好，他被频频邀请出席各种赞助活动，这为他带来了一定数额的收入。当然，威尔士参加这些活动的主要目的并不像他笑称的那样——用以维持生计，而是要推广维基百科。相对于其他互联网企业，维基百科属于非营利网站，它的运营费用和一百多名有薪员工的工资全部来源于捐助而非网站盈利。

创业课堂

维基百科没有使用和编辑的时间限制，志愿者可以花费大量时间在网上，为人类知识宝库做贡献，让他们的人生更有意义。很多来自世界各地，为维基免费管理的管理员也愿意花费大量时间去管理各种语言版本的维基。其实，威尔士什么也没做，他只不过为这些充满智慧的人提供了一个发挥智慧的平台。有时候，你会发现，当你愿意为身边的人也提供一个平台时，你的价值就会不自觉地显现，未来是平台共享经济的时代，将要创业的你，做好这个思想准备了吗?

SILICON VALLEY ENTREPRENEURIAL THINKING

第 20 章

让云储存成为现实世界的可能

——Boxbee 创始人克里斯多佛 · 马修斯的创业思维

你是不是有过这样的经历？当你把不用的东西放进储藏室一段时间后，你会很快忘记它的存在，直到有一天你再次需要它时，才会想到它。而当你走进储藏室打开它，它已经落满了厚厚的一层灰尘。你是否想过改变这种存储体验呢？那就使用 Boxbee 吧，这是一种创新的物品存储服务，在改变以往的用户存储体验的同时，可以让朋友、家人很方便地借用他们的闲置物品。而克里斯多佛 • 马修斯（Kristoph Matthews）便是让这种云存储变成现实的人。

都是搬家惹的祸

在马修斯的记忆里，他的家庭一共搬过二十多次家，并大多处于那些非常拥挤的城市，如东京和曼谷。在众多的搬家过程中，最令马修斯痛苦的便是为那些琐碎的东西打包。每当搬家之前，马修斯都会想：如果能把这种繁重的打包工作简单化那该多好啊！

随着云存储技术的不断发展，Box 和 Dropbox 等应用软件相继出现，网上存储变得越来越方便。我们先来看看互联网上的云存储是怎么回事？

云存储是指通过集群应用、分布式文件系统和网格技术等功能，将网络中各种不同类型的存储设备通过应用软件集合起来协同工作，共同对外提供数据存储和业务访问功能的一个系统。云存储是以数据存储和管理为核心的云计算系统。简单来说，云存储的使用者可以在任何时间、任何地方，透过任何可联网的装置连接到云上，便捷地存取数据。

这一存储方式如果能应用到现实中，那些总是在搬家的人就能节省很多时间和体力。如此一想，马修斯便计划创建一家类似网上云存储的公司。

马修斯把这家公司定位于存储物流初创公司，如果问他是否有这方面的经验，那便是频繁地搬家与打包经历。在公司成立之初，马修斯去了多家物流和存储公司求教。他曾加入到一个企业加速器 AngelPad 中，这期间的学习使他受益匪浅。有了足够的经验，马修斯还要为初创资金四处奔走，最后，他从一些天使投资人那里获得了 150 万美元的投资。一切准备就绪后，一家名为Boxbee的初创公司成立了。

马修斯的最初愿望是帮助人们组织管理他们的生活，尤其是自己的小公寓。他并没有想过自己因此建立的公司日后能成为一家像Box或Dropbox一样的知名企业。当他把自己的这家公司命名为Boxbee时，也没有想过要与上述两大公司齐名，他所想的，只是希望能帮助人们解决现实中的存储问题。

杰森·卡拉卡尼斯是Boxbee投资人中的一位，他在投资Boxbee时，曾考察过这一市场，他发现，这一市场潜力巨大，而且当时基本是一片空白，所以他认为，Boxbee公司有朝一日将会成为一家数十亿美元级别的公司，就像提供私家车搭乘服务的Uber公司那样。2015年，Uber的市场估值已经达到了500亿美元。

对于杰森的预言，马修斯并不在乎，他要的，并非功成名就，使生活变得更快捷才是他的终极目标。

安全有效的存储方式

马修斯是Boxbee公司唯一的创始人，该公司也是马修斯第一次获得风险投资支持的初创公司。

Boxbee创立之初，马修斯还在半导体行业工作，他按照自己的创意开发出了一款可行产品，随后对其进行了测试。测试合格后，马修斯在谷歌上做了几期广告推广，向人们宣传公司的这项存储服务。

在Boxbee网站上，用户可以选择自己需要多少空盒子，并留言给Boxbee的员工，要求在哪一天的什么时间把这些空盒子快递到家里。

令马修斯没有想到的是，他的广告刚一打出，订单就如雪片般飞来，

Boxbee 公司的第一个客户是一位想把房子在 Airbnb 上出租的男士，他希望可以安全的保存一些昂贵的个人物品。当时每个纸箱的价格是 12 美元。

随着订单的增多，马修斯租了一辆厢式货车，按订单上的地址把预订规格的盒子快递到客户家里。客户把需要存储的物品封存到盒子里后，可以选择具体日期和时间让 Boxbee 上门取走。当然，为了存储物品的安全性和保密性，客户可以把需要存储的物品拍一张照片，这就相当于日常生活中给某种东西加了标签，使你更容易记住自己存储的是什么东西和这些东西放在了什么地方。

在客户规定的时间内，Boxbee 公司会派人上门把这些需要存储的盒子打包并运送到一个安全的仓库，在那里，客户的盒子不再寂寞，陪伴它的是数以万计的 Boxbee 盒子。

当客户需要这些盒子里的东西时，可以随时通知 Boxbee 公司，让他们在规定的时间内把盒子送回家中。这样，省却了客户存放物品的空间，而且，当客户再次用到物品时，它也不会“满面灰尘”了。

Boxbee 对外宣传自己的业务安全有效，为了兑现承诺，Boxbee 把每道工序都做到细致入微。首先，Boxbee 的盒子尺寸大小一致，这样摆放起来既无需浪费仓库空间，还格外美观；其次，不管客户存储的物品形状如何，都会整洁地排列在仓库里面，取放时比较方便。

从上面 Boxbee 的存储流程不难看出，Boxbee 公司的业务是一种垂直整合业务。从订单处理，到取货送货，再到存储空间，一条龙式的服务有利于让 Boxbee 快速来回运送客户的物品。当然，Boxbee 公司还有一套堆叠盒子的方法，这样，当用户需要拿回自己的盒子时，才不至于在成堆的盒子中胡乱翻腾，只要按照公司的规定存放，便能轻松取出。

不靠机会靠实力

在硅谷崛起的众多科技公司中，有很多公司是借着互联网这股浪潮扶摇直上的，如果没有互联网，这些公司则很难发展壮大。而Boxbee公司在短时间内能创造出辉煌的成绩，它没有一点幸运的成分，靠的全是实力。

举个例子，Boxbee公司从客户那里把形状不一、大小不等的物品装进尺寸相同的盒子后，集中运到仓库摆放，这时并没有什么简便方法可以把人力从摆放的劳动中解放出来。如果使用一些机器摆放，极有可能因用力的大小把这些物品损坏，那么Boxbee最初向客户们承诺的安全性便成了虚言。Boxbee可不想因为这样的差错而使客户离自己而去。所以，为了更正标签和摆放好每一个盒子，Boxbee公司不得不增加了三倍的人力，“为了跟踪每一个盒子，我们有时会整个晚上都睡不着觉”。在没有找到更好的办法前，马修斯显得有些无奈。

的确，安全是Boxbee客户最关注的问题，为了确保存储到Boxbee的任何一样东西不会丢失，也不会被损坏，Boxbee公司部署了额外的防备。例如，为了防止被洪水侵袭，仓库里的每个盒子都被提升放置；为了减少房屋漏雨等潜在的危害，马修斯会自己付钱翻新整修存储仓库。

在Boxbee公司的众多客户中，有存储重要文档文件的律师，也有一些漂亮姑娘，她们希望尽快把自己前任男友的东西从家里清理出去。

在马修斯看来，客户托付给Boxbee的大多是带有个人情感的东西，而这些东西比金钱更为珍贵。在马修斯之前的二十多次搬家中，很多已经破到无法修补的东西却一直跟随着马修斯及他的家人，这些东西包括他儿时的脚踏车，母亲为父亲买的第一条领带……马修斯相信，在Boxbee的仓库里，像这样留下美好回忆的东西应该有很多。为了把客户的美好回忆完好地保存起来，马修斯宁可花费更多的人力、物力，也不希望它们受到一点点损伤。

目前，在Boxbee公司存储的物品已经超过4000个不同类型，即使每一个类型只有一个客户，Boxbee也会拥有4000个客户。而事实上，每一个类型拥有的客户何止一个，热门类型往往会达到成千上万个客户，这样算下来，即使马修斯从来没有向外公开过自己究竟有多少客户，我们也能猜个大概。

在过去的几年里，Boxbee对包装盒子的供应商换了一茬又一茬。为了宣传自己的公司，供应商们会在盒子上印上公司的名称，而马修斯不希望看到这样的盒子进入自己的仓库。

Boxbee公司的取货范围只在纽约和旧金山地区，旧金山是公司的总部所在地，而Boxbee却能把货箱快递到世界的任何一个地方。这绝对是一个绝佳的创意，很快，Boxbee身后便出现了一批模仿者，但这些模仿者在马修斯眼里并不能对他构成威胁，因为他已经遥遥领先于其他追随者，且会一直领先下去。

创业课堂

有意栽花花不开，无心插柳柳成荫。马修斯的目标并不是构建一家存储公司，而是希望人们的城市生活更加方便、高效。为了完成这个使命，无论什么样的产品和服务，Boxbee都会去做。Boxbee把云存储搬到了现实生活中，虽然并不是每一种网络模式都适用于现实，但是马修斯用他的智慧做到了。有些人认为Boxbee的成功存在偶然性，然而，其中的艰辛和坚持又有谁能看见呢！在我们选择创业时，一定不能盲目地复制和全盘照抄他人，而应有选择性地借鉴，并且要认真考虑我们所选择的事业是否可以帮助更多人，让人们的生活或工作更便利，更高效。

SILICON VALLEY ENTREPRENEURIAL THINKING

第21章

你会搭建创业平台吗

——天使投资人、创业者佩吉曼·诺扎德的创业思维在硅谷，佩吉曼·诺扎德（Pejman Nozad）并不是充满颠覆性创意的创业者，在他身上，也没有激动人心的故事。诺扎德是一位投资者，更是一名中间人，他只是在正确的时间、正确的地点，以一种恰到好处的方式把重要的资源整合起来。他为很多企业牵过线、搭过桥，成全了诸多初创公司创始人的亿万富翁梦。在他人成功的背后，诺扎德的功劳不可磨灭。魅力、智慧、本能和机遇相结合，成就了诺扎德的财富梦想。

卖地毯的机会也是机会

诺扎德是伊朗人，初到美国时，他只会讲几句简单的英语，为了弥补语言上的不足，他常常利用晚上的时间自学英语，白天则在洗车店打工，后来，他又到红杉城一家卖咖啡和酸奶的店里打工。在店铺楼上一间凌乱的小屋里，诺扎德的英语突飞猛进，这时候，他觉得有必要换一份工作了。

一天，诺扎德偶然看到一则招聘启事，某家地毯店在招工，幸运的是，这家地毯店的老板阿米迪也是一位伊朗移民。诺扎德的人生从此发生了转变。

诺扎德给阿米迪打去电话，用蹩脚的英语向对方讲述了自己的经历。当时的阿米迪虽然很佩服这个陌生年轻人的勇气，但还是表示想聘用有经验的人。

“虽然我没有销售经验，但您没有见过我，怎么知道我没有销售的潜力呢？无论如何请给我一次面试的机会。”诺扎德知道，如果不主动提出要求，他根本不会得到这份工作，而提出要求，便会有一半的机会。

阿米迪也很好奇，他很想知道电话那头是一个怎样的年轻人。于是，阿米迪约诺扎德来他的地毯店面谈。

那是一家地毯仓储商店，距斯坦福大学仅有几百米的路程，出售的都是高档的伊朗地毯。

见面后，阿米迪被眼前这个浑身都透着活力的年轻人吸引了，凭借多年来用人的眼光，他认为诺扎德将来的成就肯定会高过自己，这个年轻人的抱负绝不仅仅限于一家地毯店。

阿米迪有用人的眼光，诺扎德有热情，就这样，诺扎德被阿米迪录用了。在此后的15年时间里，诺扎德成了阿米迪店里的金牌销售员。有一年，诺扎德卖出了总价高达800万美元的地毯。这期间，诺扎德一有机会便学习英语，随着英语水平和自信心的提高，他的才能逐渐得以显现。

如果当初的诺扎德不主动向阿米迪提出面试要求，他便不会得到在地毯店工作的机会，为以后的成功奠定基础。推销大师乔·吉拉德曾说："任何一种销售，你都必须提出成交要求，否则是对机会的浪费。一个不懂得如何提要求的人，是不会有好业绩的。"

不管结果好坏，如果你知道自己想要的，那么就要提出来，否则终将一无所获。

在发展中把握机遇

诺扎德是一个善于把握机遇的人，他从不会错失良机。每次去拜访客户，他都会带上几张地毯当作样品。到客户家中，他会与客户促膝长谈。在拜访前，诺扎德每次都会把准备工作做得很充足，他会利用谷歌搜索引擎先对客户进行一个全面的了解，然后思考该向对方提出哪些要求才显得不算唐突。当他彬彬有礼地向客户展示产品时，客户往往会被他那娴熟的业务能力折服。

当机遇来临时，如果不善于抓住，机遇便会白白溜走。

为了寻找投资机会，诺扎德经常举办酒会，当然，作为东道主，他会邀请一些风险投资人或投资公司与创业者前来参加，为双方牵线搭桥，让他们面对面地交流。当时红杉资本的资深合伙人道格·里昂便经常受到诺扎德的邀请，时不时地往地毯店跑，在这里他投资了不少初创企业。

诺扎德就像我们常说的媒人，把男女双方约到一起，而至于是否能谈成，则看双方本人的意愿。当时正值风投大潮，硅谷一批批科技公司相继崛起，很多有钱人把钱投向自己看好的初创公司，而一旦这些公司壮大起来，投资人便会收获比当时投资高出数倍的财富。作为穿针引线的人，诺扎德虽然不能从中获得巨大的利益，但相对他的付出，收获还是颇丰的。阿米迪注意到了诺扎德的这一特长，而且阿米迪也发现，他周围的人都在玩这个游戏，很多风投人都比他们卖地毯赚得多。

1999 年，阿米迪家族正式成立了一个投资基金，这时候的阿米迪对诺扎德充满了信任，让他担任事实上的“交易侦查员”。最初，该基金的原始资本只有 200 万美元，其中包括诺扎德的全部积蓄 20 万美元，诺扎德占有该基金三分之一的股份。不久，该基金被命名为“阿米迪扎德”。

刚成立时，阿米迪扎德基金的每笔投资数额都相对较小，多数风投家对这些 2.5 万美元或 25 万美元的投资不屑一顾。但诺扎德在风投市场上却很有人缘，红杉资本的里昂就曾带领诺扎德一起投资了四家公司。当然，这其中也不乏诺扎德自己的功劳，他是一个嗅觉灵敏的风投者，比其他人更善于发现机会。

诺扎德的很多投资对象都曾是地毯店的客户，比如安迪·鲁宾。鲁宾是一家专门研究便携式数据交换设备公司 Danger 的联合创始人，诺扎德曾卖给鲁宾一条价值 5000 美元的地毯，在长达几个小时的交谈中，诺扎德向鲁宾询问 Danger 的运营情况，当得知对方资金紧张时，特别是看到鲁宾充满激情和梦想时，诺扎德与阿米迪决定向其投资 40 万美元。

事实证明，诺扎德的眼光的确很准，Danger后来发展成了一家手机软件公司，并最终以5亿美元被微软收购。但此时，阿米迪扎德基金在该公司所占的股份已经很小了。

意识到自己的弱点，诺扎德便不再随意投资。谷歌公司的早期投资人雅兹达尼也曾是诺扎德经营地毯店时的客户，诺扎德曾安排过一名打算创业的芯片设计师与雅兹达尼会面。阿米迪扎德基金成立后，雅兹达尼与诺扎德联合投资了八家创业公司。

然而，诺扎德的投资判断力也有失误的时候。当年，他放弃了投资Facebook，转而投资斯坦福大学的一个项目，后者惨遭失败。但总体来说，诺扎德取得的成就还是令人叹服的，他凭借自己的智慧实现了他的“美国梦”。

巧妙投资，理性创业

在2007年YC创业营大会上，诺扎德看到当时的Dropbox两位联合创始人德鲁·休斯顿和阿拉什·菲尔多西正在演示他们公司的云存储服务，诺扎德对此很感兴趣，便上前与两位创始人攀谈起来。

之后，在诺扎德的安排下，休斯顿和菲尔多西走进红杉资本的办公室，与里昂进行了交谈，经过几天时间的考察，红杉资本决定向Dropbox投资120万美元种子资金。虽然诺扎德在达成协议的过程中几乎一言不发，但他却成功为阿米迪扎德基金争取到了Dropbox的一部分种子基金股份。当2014年Dropbox公司的估值达到96亿美元时，诺扎德的那部分股份价值也达到了1.5亿美元。

波特是诺扎德的朋友，在一家小型并购咨询公司工作。有一天，他邀请诺扎德参加一场专为创业者举办的派对。那是一场典型的、轻松愉快的硅谷聚会，谷歌、Facebook、Twitter和其他顶级科技公司的企业发展部门的负责人向参加派对的投资银行家和交易律师透露着他们最新的收购意图。随诺扎德一同前往的是一个21岁的年轻人，这个年轻人正准备在社交支付服务方面一展身手。如果没有诺扎德的引路，相信这位年轻人很难进入这样一场派对，所以他说："诺扎德是一个很棒的引路人。"

风投的浪潮已经过去，这一行业变得越来越复杂。风投人把数亿美元的资金投向雨后春笋般涌现的初创公司，除了向对方提供金钱外，还向其提供合作机会和专业技术。为了能较早介入有前途的创业公司，那些资金雄厚的风投公司也会涉足一些数额较小的投资。

小额投资似乎早已成了诺扎德的专利，但当别人试图夺走他的专利后，诺扎德并没有表示出担心，他相信自己的眼光，认为他向创业者提供的东西通常不会有人想得到。除了向初创公司投资外，诺扎德对年轻创业者的帮助也非常大。他曾把妻子的汽车送给一名身无分文的年轻创业者，这个年轻人和他有着相似的经历，都是从国外移民来的美国。一年后，诺扎德和红杉资本还向这个年轻人的初创公司注资，拥有了其中的部分股份。

投资是需要理性的。有一次，诺扎德极为欣赏一名创业者的才华，但他对对方的创业构想并没有多大兴趣，对此，诺扎德个人出资帮助这位创业者从得克萨斯州搬到了加利福尼亚州的帕洛阿尔托。这其中便没有投资的成分。

2010年，诺扎德脱离阿米迪扎德基金自立门户，他依然在卖地毯，不过，他卖的已不再是阿米迪家的地毯了，而是自己创办的一家高档地毯店。

创业课堂

对于硅谷的创业者来说，雄厚的商业关系网是成功的关键。当然，谦卑也是必不可少的。作为硅谷著名的牵线人之一，诺扎德并没有硅谷必备的硬件——文凭，也没有任何技术背景，更没有在科技公司工作过的经验，他唯一有的便是积累起来的商业关系网。谦卑并不代表丧失勇气、保持沉默，而是一种态度，一颗尊重世界和他人的宽厚之心。当我们在创业的时候，不论背景如何，实力如何，都一定要保持一颗谦卑和学习的心，积极搭建一个可以供更多人一起交流和发展的平台，或者加入一个这样的平台，因为不管拥有还是入驻，你会发现在交流平台上很多难题会迎刃而解，从而更利于实现远大的目标。

SILICON VALLEY ENTREPRENEURIAL THINKING

第22章

在失败的产品中挑选闪光的金子

——Oculus VR 创始人帕尔默·拉奇的创业思维

来自视频游戏界的帕尔默·拉奇（Palmer Luckey）曾跻身《福布斯》杂志的“30 under 30”（30 位 30 岁以下的创业者）榜单中。当时，这个只有 20 岁出头的小伙子引起了人们的关注，不仅仅是因为他年轻，还因为他拥有一项未实现营收，甚至没有成型的商业产品——虚拟现实眼镜。正当人们对他充满好奇时，拉奇再度引起了界业的广泛关注，这次是因为他所拥有的产品原型及公司 Oculus VR 被马克·扎克伯格以 20 亿美元的高价收购。拉奇所做的产品，很多科技人士都为此付出过努力，但均以失败告终，而拉奇的成功之处就在于，他善于在这些失败的产品中挑选出闪光的金子。

关注失败产品中有价值的东西

帕尔默·拉奇是家中四兄妹中的老大，幼年时在家里接受教育。童年时期的拉奇喜欢独处，他以组装个人计算机和电子游戏机为乐，并依靠修理和售卖苹果 iPhone 手机赚取零花钱。当时，很多人都认为拉奇是一个与众不同的孩子。

拉奇除了沉迷于虚拟现实技术外，还喜欢玩视频游戏和看科幻电影，而且是一个无书不欢的“贪婪”读者，其中最喜欢看科幻小说。当他看过电影《黑客帝国》后，心中便盘算起来，如果把《黑客帝国》变成现实或至少成为虚拟现实那该多好啊！

其实在20世纪60年代，便有了早期虚拟现实设备的原型，但当时的这一设备原型简陋且价格昂贵，主要用于政府或空军飞行模拟器之类的军事用途。随着个人计算机的兴起，人们期待着便携式小型头戴设备的出现。也正是这个时候，出现了一大批科幻小说和科幻电影。

和拉奇一样，很多年轻人都喜欢看科幻电影，也都期待着能在现实中买到相似的产品。但尽管电影票房热卖，相关产品却迟迟不见踪影。其实，并不是没有公司开发这类产品，谁都想乘着电影大卖这股东风大捞一笔，但是，这种虚拟现实设备的开发成本过高，昂贵的成型产品很难打开市场。当然，最大的一个原因还是技术问题。

越是失败的东西，拉奇越是感兴趣，越想探个究竟。于是，他利用维修苹果 iPhone 手机赚到的钱，从网络上买了一些被淘汰的虚拟现实设备硬件，如 3D 显示器和头戴式显示器。拉奇认为，他是在从失败的产品中挖掘新的东西。拉奇不断改装这些笨重的设备，并做出一些粗糙的原型。

转眼到了上大学的年龄，拉奇选择了加利福尼亚州立大学长滩分校的新闻学专业，当时的拉奇梦想着能成为一名掌握技术原理的科技记者。

一个人无论怎么钻研，都会有一定的局限，而作为当事人，则很难走出这一怪圈。所以，拉奇决定去研究所实习，以增加实战方面的经验。2011 年夏天，拉奇在一家创新技术研究所找到了一份兼职工作，这家研究所是虚拟现实界先驱马克·伯拉斯创立的。伯拉斯一直致力于研究虚拟现实设备，而且研究所的所有创新成果都开放源代码。对这些源代码进行优化后，拉奇把它们用到了自己的作品上。

2012 年，不满 20 岁的拉奇将各种部件重新整合，制作出了一台虚拟现实设备原型机。他把这款设备取名为“Rift”，Rift 在英文中的意思是裂缝、裂口，意指它将成为现实世界与虚拟世界的桥梁。

群策群力力量大

一个人的力量再大，也是有限的，只有把众人的力量汇集到一起，即群策群力，才能获得无穷的力量。

拉奇虽然痴迷于研究虚拟现实设备，而且他也在伯拉斯的研究所有所收获，但以他个人的能力，是难以制作出 Rift 的，Rift 的面世，与网上虚拟现实爱好者的帮助是分不开的。

拉奇经常光顾虚拟现实技术论坛，他在上面得到了很多专业人士的指导，同样，他也时常会帮助他人解决一些技术方面的问题。

约翰·查马克是游戏编程界的知名人物，也是技术论坛的客户之一。一天，查马克在论坛上发帖求助，希望有人能帮助他一起修改索尼公司的一款头戴显示器。看到查马克的求助帖后，拉奇把Rift原型机发给了他。两个月后，在一年一度的E3视频游戏展会上，查马克向人们演示了新款游戏，他使用的正是拉奇的Rift原型机，这无疑给Rift起到了良好的宣传作用。

作为主流媒体游戏公司Gaikai首席产品官的布兰登·艾瑞克对Rift原型机产生了浓厚的兴趣，当他看完用这一设备演示的游戏时，马上决定要给拉奇投资。拉奇自然求之不得，他拿着艾瑞克的10多万美元投资作为种子基金，在2012年7月成立Oculus VR公司。

公司虽然成立了，但运营一家公司所需的资金远超过十几万美元，而且，研发虚拟现实设备需要投入的资金更是一笔巨大的数额。为了能筹集到足够的资金，拉奇发起了众筹活动。

所谓众筹，是初创企业和个人为自己的项目争取资金的一个渠道。众筹网站则使任何有创意的人都能够向网站上所有的人筹集资金。投资者并不指望他们的投资能得到多少回报，他们只想拿到利用众筹基金开发出的产品作为纪念。

就拉奇的众筹项目来说，他制定的众筹资金的目标最初是25万美元，并且规定，超过300美元的捐资者可以获得一台Rift。因为有查马克这样的知名人士的评价，拉奇的众筹项目刚发出两个小时，便筹到了25万美元。一个月后，拉奇共筹得240万美元。

与此同时，在得克萨斯州达拉斯举行的QuakeCon游戏大会上，Rift的展示摊位虽然很小，却排起了长队，不仅仅是疯狂的科幻迷们对Rift感兴趣，就连普通人也想看看Rift到底有哪些奇妙之处。

拉奇实在是太年轻了，他缺乏管理经验，为了公司能有一个长足的发展，拉奇邀请艾瑞克出任Oculus VR公司CEO，查马克任首席技术官，而他自己，头衔上只有三个字——创始人。

跨越式的身价飙升

在满足自己理想的同时，拉奇还期待能让虚拟现实走进每个人的生活。2013年，Oculus VR共进行了两轮融资，这使得该公司的估值达到了3亿美元，这对于只有21岁的创始人拉奇来说的确鼓舞人心。

在得到风投资本家们青睐的同时，Oculus VR还引起了Facebook扎克伯格的注意。扎克伯格给拉奇发来了电子邮件，表示对Oculus VR很感兴趣，而当他在Oculus VR的办公室里看到Rift的展示后，更是对其赞不绝口。扎克伯格一直都对虚拟现实设备很感兴趣，他认为那将是一个全新的人际交流方式，而Facebook正寻求这方面的技术。

经过双方的磋商，最终签下收购协议，Facebook以20亿美元收购Oculus VR的技术和公司。这次收购让年轻的拉奇一夜暴富，因持有25%的Oculus VR股份，拉奇的身价达到了5亿美元。

当然，在扎克伯格眼中，Rift并非是一款只能玩电子游戏的虚拟现实设备，他要把它引向更广阔的领域，让它发挥更大的作用。

随着投资者对Oculus VR的关注，竞争者也接踵而来。2014年3月，索尼公司宣布，代号为“梦神计划”的一款虚拟现实头戴装置正在研发中，人们通过佩戴这一装置，可以畅玩索尼公司的PlayStation 4视频游戏。而且这一头戴装置的开发人员信誓旦旦地表示，索尼的这种装置绝对会成为一大热门，它吸引的不仅仅是视频游戏玩家，不玩游戏的人也能通过佩戴这一装置在虚拟世界中徜徉。

谷歌、亚马逊等公司也把触角伸向了虚拟现实领域，例如，谷歌推出了"谷歌眼镜"；亚马逊则把虚拟现实设备应用到了虚拟购物商城，据称，在虚拟购物商城，买家可以通过操纵手柄来"试穿"衣服……

有竞争才会有发展，有竞争才会更加努力地做好产品。虽然竞争者众多，但拉奇却非常自信，他认为在虚拟现实设备市场上，能与Oculus VR产品相媲美的寥寥无几。而身边不断出现的类似产品，也正督促着Oculus VR的技术人员刻苦研究，与时俱进，不断开发出新产品，把越来越好的产品呈献给消费者。

虚拟现实技术还有很长的一段路要走，对拉奇来说，让全世界的人都拥有一台虚拟现实头戴设备是他的终极目标。

创业课堂

每个人都喜欢锦上添花，越是热门、容易成功的领域越人满为患，而冷门、容易失败的领域则人人避而远之。其实，无论哪个领域都有成功的机会，关键看你是否具有智慧。拉奇，在一个遍布失败者的领域开辟了一条属于自己的路：优化其他人的工作成果，通过众筹实现融资……最后，投入Facebook这一巨型港湾，每一步，拉奇都走得如此踏实。如果你也想创业，但难以创新或引领一种时尚，那么不妨在自己相对熟悉的领域里多去寻找和整合这种看似失败的产品，去发现其亮点所在。要知道任何一个产品，都不会是一无是处的，而仅仅是缺少了一双发现闪光金子的眼睛。只要你愿意多观察、多思考，也许就能够寻找到闪光的金子。